12星座で「いちばん洗練されている」

天秤座男子の取扱説明書

監修 アストロロジャー 來夢

著 櫻井秀勳 早稲田運命学研究会

きずな出版

はじめに なぜか気になる天秤座男子の秘密

「いつもオシャレで、さわやか」

彼のことをよく知る人たちは、そんなふうに思っているでしょう。

だけど、ときどき、

「彼の気持ちがよくわからない」

と感じてしまうときもあります。

彼はいつも冷静で感情を表に出しません。だからといって冷たい、怖いと感じてしまうのとは違います。

誰からも好感をもたれやすい彼は友達も多く、一緒にいる人を疲れさせません。相手が緊張していれば、その場の空気を和ませようとする気遣いもできる人です。

センスのいい彼は、オーソドックスな型にはまることなく、流行も取り入れながら、「自分に似合うオシャレ」を楽しめる人です。

そんな天秤座の男性は、女性にも人気があります。

星座には、牡羊座から魚座まで12の星座がありますが、一緒に歩きたい男性といえば、天秤座の男性は、そのナンバー1だといっても過言ではありません。

けれども、天秤座はその名の通り「秤《はかり》」を表す星座で、つねにバランスを気にする星座です。誰にでも平等で、公平な態度で人に接します。

感情に振りまわされず、その場の状況判断ができるのです。

美しいものを見つけ出す感性の高さと、それを維持しようという努力ができる人です。けれども、そんな努力を人には見せない〝男の美学〟を持っています。

そのスマートさが、本書のタイトルを、『12星座で「いちばん洗練されている」天秤座男子の取扱説明書』とした所以《ゆえん》です。

そんな天秤座男子に愛されやすいのは、何座の女性でしょうか。二人の関係が発展、持続していくには、どんなことに気をつけていったらいいでしょうか。

恋愛関係にかぎりません。たとえば天秤座の男性が家族であったり、同じ学校や職場、取引先にいたら、あなたにとって彼は、どんな存在でしょうか。

私はアストロロジャーとして、星の教えを学び、それを私とご縁のある方たちにお伝えしてきました。本書は、そんな私が自信を持ってお届けする一冊です。

この本は私の専門である西洋占星学だけでなく、もう一人の監修者であり、早稲田運命学研究会を主宰されている櫻《さくら》井《い》秀勲《ひでのり》先生の専門である性差心理学の視点から、男性と女性の考え方の差についても考慮して、「天秤座男子」の基本的な価値観や資質、行動の傾向が書かれています。

「天秤座男子」の傾向と対策を知ることで、彼に対する理解が、これまで以上に深まるでしょう。また、それによって、あなた自身の価値観を広げ、コミュニケーションに役立てることができます。

私たちは、誰も一人では生きていけません。自分は一人ぼっちだという人でも、本当は、そんなことはありません。

「人」という字が、支え合っている形をしていることからもわかるように、男性でも女性でも、必ず誰かとつながっています。

誰かとつながっていきながら、幸せを模索していくのです。

「おはよう」の挨拶《あいさつ》に始まり、「さようなら」「おやすみなさい」で一日が終わるまで、日常的な会話を交わす人、ただ見かける人など、その数をかぞえれば意外と毎日、いろいろな人に出会っていることがわかるでしょう。

私たちは平均すると、一生のうちに10万人と挨拶を交わすそうです。

長いつき合いになる人もいれば、通りすぎていくだけの人もいます。

とても仲よしの人、自然とわかり合える人など、優しい気持ちでつき合うことができたり、一緒の時間をゆったり過ごせる人も大勢います。

相手のプライベートなことも、自分の正確な気持ちもわからないけど、なんだか気になる、なぜか考えてしまう人もいることでしょう。

誰からも嫌われているという人はいません。それと同じで、誰からも好かれるということも、残念ながらありません。

気の合う人もいれば、合わない人もいる。それが人間関係です。

でも、「この人には好かれたい」「いい関係を築きたい」という人がいるなら、そうなるように努力することはできます。それこそが人生です。

そして、そうするための知恵と情報の一つが、西洋占星学です。

「この人は、どんな人か」と考えたときに、その人の星座だけを見て決めつけるのは、乱暴です。「天秤座」には、天秤座らしい傾向というものがありますが、前でも書いた通り、「感情を表に出さない」といっても、それだから悪いということにはなりません。

また、ここでいう「天秤座男子」というのは、「太陽星座が天秤座」の男性のことですが、西洋占星学は、その人の傾向をホロスコープで見ていきます。

本文でも詳しく説明していきますが、ホロスコープには、「太陽」「月」「水星」「金星」「火星」「木星」「土星」「天王星」「海王星」「冥王星」の10の天体の位置が描かれます。生まれたときに太陽が天秤座にあった人が「天秤座」になりますが、太陽星座が天秤座でも、月の位置を示す「月星座」がどこにあるかによって、その人らしさは違って見えます。

「私の彼は天秤座だけど、そんなにオシャレな感じじゃないかな？」というような場合には、月星座の影響が強く出ている可能性があります。逆にいえば、月星座が天秤座の場合には、太陽星座が天秤座でなくても、天秤座らしさが強く出る人もいます。

この本では、「天秤座男子の取扱説明書」としていますが、月星座が天秤座だという男性にも、当てはまるところが多いでしょう。とくに、恋愛関係やパートナーとしてのつき合いにおいては、太陽星座よりも月星座の面が強く出ることもあります。

本書は、「天秤座は○○な人だ」と決めつけるものではなく、その星の人が持ちやすい本能ともいえるような特徴などを理解して、よりよい絆を築くことを目的として出版するものです。
あなたの大切な人である「天秤座男子」のことをもっと知って、いい関係をつくっていきましょう。

アストロロジャー
來　夢

安全上のご注意

天秤座男子と、よりよい関係をつくるために

・『天秤座男子の取扱説明書』は天秤座男子の基本的な考え方、行動パターンなどを知って、よりよい関係性を築くことを目的としております。天秤座を含め、すべての星座の男子に対して、理解と優しさを持って、つき合っていくようにしましょう。

・天秤座男子及び他のどの星座であっても、最初から決めつけたり、相手の存在や気持ちを無視するような行為はやめましょう。

・天秤座男子もあなたと同じ感情や思考を持つ人間です。意見が合わないとか、気持ちのすれ違いなど、あなたの価値観とは多少の不具合が生

じるかもしれません。可能なかぎり広い気持ちで接することを心がけましょう。

・自分が天秤座男子の場合

この本の内容のような印象で、周囲はあなたのことを見ている可能性があります。あなたにとっては、思ってもみないこともあるかもしれませんが、あくまでも傾向の一つとして自分自身を振り返っていただければ幸いです。

身近な人たちからの指摘で納得できること、自分で気になる点などがありましたら、改善をご検討ください。

すでに何かの部分で不具合などが生じている場合は、この本の注意点を参考に、あなたの言動の見直しにお役立てください。

★目次

2 Basic Style
天秤座男子の基本

3 Future Success

天秤座男子の将来性

4 Love

天秤座男子の恋愛

5 Compatibility 天秤座男子との相性

6
Relationship

天秤座男子とのつき合い方

7
Maintenance
天秤座男子の強みと弱点

8 Option 天秤座男子と幸せになる秘訣

12星座で「いちばん洗練されている」天秤座男子の取扱説明書

執筆協力＝Julia☆

1

Start Up

西洋占星学と12星座について

12星座の始まり

西洋占星学は紀元前から続いてきた

この『12星座で「いちばん洗練されている」天秤座男子の取扱説明書』は、西洋占星学の12星座の天秤座の研究をもとにしています。

西洋占星学のなかの12星座ですが、日本では1950年頃から研究が一挙に進み、現在多くの優秀な占星術師により、もっとも信頼のおける占術となっています。

早稲田運命学研究会会長の櫻井秀勲は1960年頃、「女性自身」の編集部に配属になったことで、恐らく日本初の西洋占星学のページをつくっています。

それ以後、12星座占いは次第にポピュラーなものになっていき、女性で自分の星座名や性格、特徴を知らないという人はいないといってもいいほどです。

この12星座のもとになった西洋占星学は、はるか昔、紀元前の頃から始まっています。

始まりについてはさまざまな説がありますが、世界最古の文明である紀元前5000～3000年頃のメソポタミアの時代に生まれたという説もあります。

ここで重要なことは「文明が興《おこ》ると占いも起こる」という点です。

これは中国でも同じで、人間は占いなしでは生きられないのです。いや、日本でも武将や貴族たちは、占いを日常的に活用することで、人間の和を保ってきました。

そのようにはるか昔からの長い歴史のなかで、星の動きと自然現象、人間の運命などと結びつけ、細かい情報や研究が受け継がれて、いまのような形になりました。

それだけに、この占いは正確です。

遊び半分の気持ちで読むのは、もったいない。あなた自身の一生を決めるかもしれない情報と知識が盛りこまれている、と思って参考にしてください。

ホロスコープと星の読み方

この地球に生まれた瞬間の星の位置を知る

西洋占星学は、12星座だけでなく、いろいろな情報をあわせて読んでいきます。

・12星座
・10の天体（惑星）
・12に区切られた室（ハウス）

と、最低でもこれらの星と、その星の位置と角度の情報を、一つの円のなかに描いたものがホロスコープ（天体図）といわれるものです。

このホロスコープを読み解くことで、その人の生まれ持った資質と運命を知ることができるのです。

ホロスコープ（天体図）には、その人の生まれた日にちと時間、場所による星の配置が描かれます。それは同時に、あなたがこの地球に生まれた瞬間の宇宙の星たちの位置を知ることになります。

あなたがこの地球で生きていくために、持って生まれた才能、起こりうる未来の可能性などを記された人生の地図として活用できます。

かつてイギリスとフランスの王宮には、その国のもっともすぐれた占星術師（アストロロジャー）が召《め》し抱えられていました。いや、いまでもいるという話もあります。

それこそ、世界の崩壊を予言したノストラダムスや20世紀最高の占い師とされた天才キロも、最初は王宮で認められたのです。

これらの占星術師は国に王子、王女が生まれると、王から命じられて、秘かにその方々の一生の天体図をつくり上げ、それには亡くなる年齢と時期まで書かれていた、といわれています。

それほど当たるということです。

この人生のホロスコープを上手に読んでいくと、たとえば自分の苦手とすることや

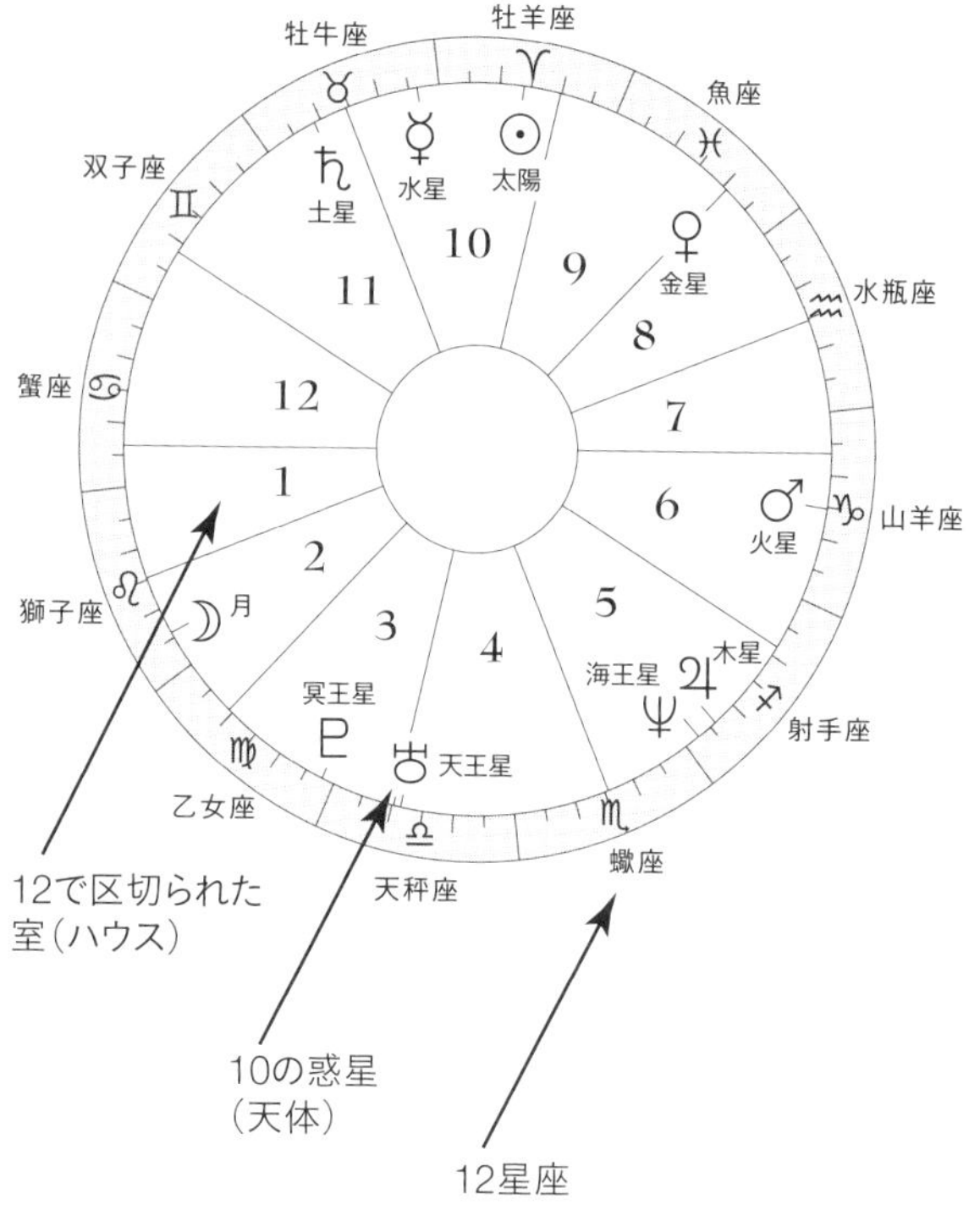

◉ホロスコープ(天体図)の基本

・いちばん外側が12星座
・その内側が10の天体(惑星)
・円の内側の数字は12に区切られた室(ハウス)

好きなこと、得意なこともわかります。

自分の好きなことや得意なことがわかると、自信を持って才能を伸ばしていくこともできます。

また、苦手なことや不得意なことと、どうつき合っていくのかを考える一助になります。あなたの人生において、それらを克服する必要があるのか否かを見極めるのです。必要であれば、挑戦したり、そうでなければ、あえてスルーするという選択もあります。

この本では天秤座男子とつき合っている、あるいはつき合うかもしれないあなたを中心に、参考になる情報を提供していきましょう。

守護星となる10の天体（惑星）

これから起こる人生のテーマを教えてくれる

10個の天体（惑星）とは、次の通りです。
ここで大事なのは、占星学では太陽も月も惑星と見なしているということです。

天体（惑星）	記号	意味
太陽	☉	活力・強固な意志・自我・基本的な性格
月	☽	感受性・潜在意識・感情の反応パターン
水星	☿	知性の働かせ方・コミュニケーション能力
金星	♀	愛・美・嗜好・楽しみ方
火星	♂	勇気・情熱・開拓・意志と行動の傾向

木星	♃	発展・拡大・幸せ・成功
土星	♄	制限・忍耐・勤勉
天王星	♅	自由と改革・独創性
海王星	♆	直感力・奉仕
冥王星	♇	死と再生・洞察力・秘密

この10個の天体（惑星）はすべての人のホロスコープにあり、その人の持つ人格や個性のエネルギーを表します。

それぞれの天体（惑星）は、おのおのが違う速度で移動しています。そのために、その天体（惑星）の位置は移動していき、星座は変わっていくというわけです。

たとえば、太陽は天秤座の位置にあっても、月は蠍座、水星は射手座というように、「10個それぞれが違う星座の人」もいれば、「2個は同じ星座だけど残りの8個は違う」という人もいます。

一人の人でもいろいろな星座の要素を持っていて、それがその人の「個性」となっていきます。

ホロスコープは、その人の生まれた年月日と時間と場所の情報でつくります。その人が生まれた、その瞬間の星の位置を表しますが、実際にこの10個の天体（惑星）は宇宙に存在して、つねに動いています。いまも動き、進んでいるのです。

生まれた瞬間の天体（惑星）と、いま現在の天体（惑星）の位置関係、そしてこれからも進み続ける天体（惑星）の位置関係を読むことで、その人に与えられたテーマを知ることができます。

10個の天体（惑星）の動きは、計算によって割り出され、いまでは書籍やインターネットなどで、いまこの瞬間の位置さえも簡単に知ることができます。

この10個の天体（惑星）の動き（位置）がわかると、あなたにこれから起きるテーマまでわかってしまいます。たとえば結婚などの人生の転機や、仕事での成果が得られるタイミングなども予測することができます。

けれども、それは予言ではありません。占星学は情報の一つ。それをどう活かすかは、その情報を受けとった人次第です。

たとえば結婚するのにいいタイミングが来ていたとしたら、あなたはどうするでしょうか。

いまの彼との関係を、これまで以上に真剣に考え、お互いの気持ちを確かめることができれば、星の応援を得て、一気に結婚が決まるかもしれません。

「いまの彼との結婚はない」「いまは結婚したいと思う相手がいない」という場合には、新たな出会いを求めて、婚活に力を入れてみることも、もう一つの選択です。

「いまは結婚したくない」と考えて、結婚は「次のタイミング」を待つことにするという選択もあります。

いずれにしても、選択権はその人自身にあるということです。

そして、選択したら、それに向かって努力すること。それなしに、人生を拓《ひら》いていくことはできません。

仕事においても同じことがいえます。「うまくいく時期」「成功しやすい時期」を予測することはできますが、ただその時期をボーッと待つだけでは、たとえそのタイミングが来ても、思ったような展開は望めないでしょう。

成果の出るタイミングが、たとえば2年後だとわかれば、この2年間で何をするのか、ということが重要になります。

この本では天秤座の個性について著《あらわ》していますが、今後あなたが自分のホロスコープを見る機会があるときは、あなたの未来のテーマとタイミングも、ぜひあわせて見てください。そしてそのタイミングの機会を逃さずキャッチすることで、これからの計画や、実際に行動を起こすことが変わります。

自分の個性を活かしながら、未来のタイミングをつかんで、自分の人生を輝かせていきましょう。

生きる意思や基礎になる太陽星座

天秤座男子は社交性にすぐれた平和主義者

テレビや雑誌などでよく知られている12星座占いは、「○月○日生まれは○○座」というように、生まれた日にちで星座がわかるように表しています。

本来、西洋占星学は、生まれた日にちだけの星座だけでなく、10天体（惑星）を総合的に読みますが、そのなかでも、生まれた月日の星座は、生きる意思や基本となる資質などを表すため、とてもわかりやすく、その人の特徴を知ることができます。

生まれた月日で見る星座は太陽の位置を示していることから、「太陽星座」ともいわれます。

この太陽星座は、その人がどのようにして、この社会で生きていくか、どのような生き方をするかという、その人の社会的人生の基礎となる部分であり、基本となる性格を表しています。

たとえば、生まれた場所や環境は違っても、天秤座生まれの男性は、多くの人と仲よくすることが得意という共通点があります。社交性にすぐれ、調和を生み出すことで平和な環境をつくることができるのです。

生まれた地域や家庭環境、出会う人や関わる人の違いがあるにもかかわらず、同じ星座の人は同じような言動になりがちです。

太陽星座というだけあって、太陽のまぶしい輝きのように、その人はその星座らしくあるときがいちばん輝き、その人らしくいられるのです。

太陽星座は次のように分類されています。

【12の星座】（日にちは二十四節気の中気を目安に、生まれた年によってずれる場合があります）
牡羊座――3月21日（春分）～4月20日生まれ
牡牛座――4月21日（穀雨《こくう》）～5月21日生まれ

双子座――5月22日（小満《しょうまん》）〜6月21日生まれ
蟹　座――6月22日（夏至《げし》）〜7月22日生まれ
獅子座――7月23日（大暑《たいしょ》）〜8月22日生まれ
乙女座――8月23日（処暑《しょしょ》）〜9月23日生まれ
天秤座――9月24日（秋分）〜10月23日生まれ
蠍　座――10月24日（霜降《そうこう》）〜11月22日生まれ
射手座――11月23日（小雪《しょうせつ》）〜12月21日生まれ
山羊座――12月22日（冬至《とうじ》）〜1月20日生まれ
水瓶座――1月21日（大寒《だいかん》）〜2月18日生まれ
魚　座――2月19日（雨水《うすい》）〜3月20日生まれ

※（　）内が二十四節気の「中気」となります。

感情のパターンを表す月星座

同じ天秤座男子でも印象が少しずつ違う理由

太陽は昼間を明るく照らし、月は夜の暗闇の静かな時間に輝きます。

昼と夜があって一日となるように、一人の人間も、表に見せている部分だけがすべてではありません。月にあたる「陰の部分」もあわせ持っています。

陰というと、暗く、悪い面のような印象を持たれるかもしれませんが、そうではありません。ふだんは見せない、隠れている面といったほうがいいでしょうか。それがあるからこそ、その人の人生に豊かさや広がりが出てくるのです。

その人の特徴を表す星として太陽星座が大きな影響を与えていることは、これまでに書いた通りですが、太陽星座の次に、無視できないのが「月星座」です。

太陽星座が社会での行動や基本になる人生の表の顔としたら、月星座はその人の潜在的な心の動きを表す「もう一つの顔」になります。

月星座は、その人が生まれたときに、月がどの位置にあったかで決まります。

月星座が表すものは、その人の感受性や感情のパターンです。

太陽が生きる意思であり、社会的な生き方である反面、月は感受性や感情という、その人の見えない、隠れた部分となります。

「感情」は、日常のなかで誰もが持つものです。

喜び、悲しみ、怒り、あきらめ、驚き、嫌悪《けんお》など、一日のなかでもさまざまに感情が動いていくでしょう。

でも感じたことは言葉にしないかぎり心にしまわれて、表に出ることはありません。

それだけ外には見せない「本音の自分」であるともいえます。

その感情の持ち方にも12星座の特徴がそれぞれ当てはめられており、感じ方がその月星座特有の性質となります。

たとえば、太陽星座が天秤座でも、感情の月星座は違う星座という場合もあるのです。社会的にはあっさりしている人に見えても、内面は感情的、という人もいることになります。

月は10個の天体（惑星）のなかでもっとも動きの速い星です。約2.5日で次の星座へ移動します。夜空の月を見てもわかるように、日に日に形を変えて移動していきます。ところで生まれた日の月の形がホロスコープを見るだけでもわかります。

たとえば、生まれた日の太陽（☉）と月（☽）の位置がほぼ重なっていたら、新月生まれとなります。つまり、太陽星座も月星座も天秤座だという人は、新月に生まれた人です。

また、生まれた日の太陽（☉）と生まれた時間の月（☽）の位置が真反対の１８０度の位置の場合、つまり太陽星座が天秤座で月星座が牡羊座の人は満月生まれとなります。これについては『月のリズム』（來夢著、きずな出版刊）に詳しく書かれています。

1ヵ月のあいだでも、月は日々刻々と、位置と形を変えて動いています。

それだけ月は動きが速いので、太陽星座が同じ天秤座生まれでも、生まれた日によって月星座は変わります。

太陽星座と月星座が同じ天秤座の場合は、生きる意思と感情が同じ星座なので、迷うことなく天秤座らしい生き方と感じ方ができます。

反対に太陽星座が天秤座で月星座が牡羊座だという人は、二つの異なる星座の要素が一人のなかに存在しています。天秤座らしい面がある一方で、その人の内面では生きる意思とは違う星座の性質も心に表れてくるので、葛藤《かっとう》や迷いが生まれます。

この葛藤や迷いは、その人だけが感じることであり、周囲の人にはわかりにくいものです。


「月星座」はインターネットで調べることができます。

調べるときは、生まれた月日だけでなく、生まれた時間がわかると、より正確な情報が得られます。月は動きが速いので、少しの時間の差で月星座が違う星座となる場合があるのです。

でもどうしても時間がわからない場合には、生まれた日にちの正午として調べることが通例となっていますので安心してください。

次に月星座の性格と特徴をあげてみましょう。

【月星座の性格と特徴】
牡羊座：目標に向かって積極的に突き進むことができる。熱いハートの持ち主。
牡牛座：温厚でマイペース。こだわりが強い。納得がいかないことには頑固。
双子座：好奇心が強く、言語や情報を扱うことを好む。気まぐれで二面性を持つ。
蟹　座：愛情が深く世話好き。感情の浮き沈みが激しく、仲間意識が強い。
獅子座：明るく陽気で想像力豊か。自信家でプライドが高い。
乙女座：繊細で清潔好き。分析力が高く、几帳面。他者への批判精神もある。

天秤座：調和と品格を重んじる。対人関係においてもバランス感覚抜群。恋愛でも相手にのめりこむことなく、駆け引きしながら、そのプロセスを楽しむ。
蠍　座：隠しごとや秘密が得意。嫉妬心や執着心が強く、真面目でおとなしい。
射手座：精神的成長や探求を好み、自由を愛する。移り気で飽きっぽい。
山羊座：管理能力と忍耐力がある。出世欲を持ち、堅実的な計算能力が高い。
水瓶座：独創的で、楽天的。多くの人やグループとのつながりや交流が持てる。
魚　座：感受性が豊かで優しさにあふれ、涙もろい。自己犠牲的な愛情の持ち主。

太陽星座の天秤座と月星座の関係

彼の月星座は何ですか？

天秤座の基本となる性格に、月星座が加わることで同じ天秤座でも、感情の部分の違いが出ます。月星座を組み合わせることで裏の顔がわかるということです。

太陽星座が天秤座の男子を、月星座別の組み合わせで、その特徴を見てみましょう。天秤の基本的な性格から見れば思いがけない彼の一面のナゾも、これによって納得できるかもしれません。この特徴は男子だけでなく、天秤座女子にも当てはまります。

【太陽星座が天秤座×月星座男子の特徴】
天秤座×牡羊座：情熱と冷静さをあわせ持ち、理想を追いかける勇者。
天秤座×牡牛座：美への感性が高く贅沢を好む。穏やかで優しい。

天秤座×双子座：頭がよく器用でセンスがよい。コミュニケーション能力が抜群。
天秤座×蟹　座：感情が豊かではっきりしている。家庭的でロマンティスト。
天秤座×獅子座：ゴージャスで華やか。こだわりが多いが友人も多い。
天秤座×乙女座：繊細で知的。冷静な判断力を持って理想を追求する完璧主義者。
天秤座×天秤座：上品でセンスがよい。理性的。要領がよく優柔不断な面もある。
恋愛に関してはムード重視。相手にも高い理想を求める。
天秤座×蠍　座：さみしがりやで照れ屋。冷静な中に秘めた深い愛情を持つ。
天秤座×射手座：自由で楽観的。広い視野と行動力で高みをめざす冒険者。
天秤座×山羊座：駆け引き上手。目標達成のためには孤独にも耐える努力家。
天秤座×水瓶座：おおらかで風変わりな価値観を持つ。人に対しては公平で平等。
天秤座×魚　座：誰からも好かれる心優しい人気者。優しさゆえの迷いも多い。

星のパワーを発揮する10天体の関係

12星座は守護星に支配されている

12星座にはそれぞれ10の天体が守護星となっています。

この守護星は「支配星」や「ルーラー」とも呼ばれており、12星座の基本的な特徴に、10の天体の表す性質が影響を及ぼしています。

長い歴史のなかでも、占星学の初期の頃は太陽・月・水星・金星・火星・木星・土星という7つの星が守護星だと考えられていましたが、その後、天王星・海王星・冥王星が発見され、占星学のなかに組みこまれました。

次頁の表では二つの守護星を持つ星座がありますが、（ ）は天王星発見前の7つの天体の時代に当てはめられていたもので、天王星発見後も「副守護星」として取り入れられています。

◉12星座と10天体（惑星）

12星座	守護星：天体（惑星）	守護星が表すもの
牡羊座	火 星	勇気・情熱・開拓・意志と行動の傾向
牡牛座	金 星	愛・美・嗜好・楽しみ方
双子座	水 星	知性の働かせ方・コミュニケーション能力
蟹　座	月	感受性・潜在意識・感情の反応パターン
獅子座	太 陽	活力・強固な意思・自我・基本的な性格
乙女座	水 星	知性の働かせ方・コミュニケーション能力
天秤座	金 星	愛・美・嗜好・楽しみ方
蠍　座	冥王星	死と再生・洞察力・秘密
	（火星）	勇気・情熱・開拓・意志と行動の傾向
射手座	木 星	発展・拡大・幸せ・成功
山羊座	土 星	制限・忍耐・勤勉
水瓶座	天王星	自由と改革・独創性
	（土星）	制限・忍耐・勤勉
魚　座	海王星	直感力・奉仕
	（木星）	発展・拡大・幸せ・成功

そのため、蠍座・水瓶座・魚座が、二つの守護星を持っているわけです。

守護星のそれぞれの特徴は、前頁の表のように12星座に強く影響します。

天秤座の守護星は金星。牡牛座も同じ守護星です。

同じ守護星を持つ星座には共通点があり、たとえば双子座と乙女座は、どちらも水星が守護星で、頭の回転が速く、人づき合いを大切にします。

天秤座と牡牛座の共通点は、センスのよさです。愛と美を司《つかさど》る金星を守護星に持つ天秤座と牡牛座は、感性が豊かで、「美しいもの」を好み、本物を見抜く目を持っています。

2

Basic Style

天秤座男子の基本

天秤座男子の特徴

心地よい距離感で、必要以上にベタベタしない

ではいよいよ、天秤座男子の性格の特徴を調べていきましょう。

西洋占星学では、春分の日（3月21日頃）を1年の始まりの日としています。春分の日から始まる12星座のなかで、天秤座は牡羊座から数えて7番目の星座です。

西洋占星学では牡羊座から始まり、6番目の乙女座までの星座を自己成長の星座とし、7番目の天秤座から魚座までの星座は社会性での成長を表します。

乙女座で一人の人間として完成した後、社会のなかで他者との関わりを持つことでさらに成長をしていくのです。その段階での始まりの星座が天秤座となります。

他者との関わりを自然に受け入れ、共存して、より豊かな人格の形成を始めようというスタート地点に立つのが天秤座です。他者との関わりについては、牡羊座から乙

女座までにはなかったものです。

天秤座は12星座のなかで中心に位置し、他者と自分を常に意識しています。どちらに偏《かたよ》ることもなく、常に中庸《ちゅうよう》であることを維持します。

そもそも天秤座の天秤とは物の重さを測量する「秤《はかり》」を意味します。秤には二つの皿がありますが、一方の重さと、もう一方の重さが釣り合うことで物の重さがわかります。同時に足りない重さもわかるのです。

この秤のように過不足なく、またどちらかに偏ることなく、ものごとを判断して、人生を生きようとするのが天秤座の生き方です。

たとえば、自分の目標達成のために情報が足りないと判断すれば、情報収集のために行動します。逆に、「不要である」「過剰である」と判断した情報にはこだわりません。一度手にしたものでも、手放す勇気と潔《いさぎよ》さがあるのです。

また、中庸であろうとする意識こそが、天秤座の持つ才能でもある「バランス感覚」に表れてくるのです。

天秤座のバランス感覚のよさは12星座のなかでもトップクラスなのです。

また、天秤座は暦《こよみ》のうえで秋分の日から始まる星座です。秋分の日は昼と夜の時間がちょうど同じ長さですが、これもまた天秤座のバランス感覚のよさを表す象徴の一つなのです。

他者を意識しつつ、より成長していくことを考えるのが天秤座です。自分の人生の一部に、他者の存在が常にあるのです。

「はじめに」にもあるように、人は一人では生きていけません。けれども自分以外の人とのつき合いや関わりは難しいと考える人が多いでしょう。人間関係に悩んだことがないという人は皆無といっても過言ではありません。

他の人にとっては小さなことでも、行き違いや食い違い、ちょっとした誤解から心を痛めて夜も眠れない、というようなことがあるかもしれません。

日本人の転職理由には、労働条件よりも人間関係をあげる人のほうが多いというデータもあるほどです。

けれども天秤座は、そうした人間関係に悩むことは少ないかもしれません。どんな人とも、ケンカしたり揉《も》めたりしないよう、友好的につき合っていこうとします。人間関係に、まったく関わらないというのも問題ですが、近づきすぎるのもトラブルの元です。天秤座のバランスのよさが、人間関係でも発揮されるわけです。

だから自然に、人にも好かれます。もう少し、現実的にいうなら、「好かれる」というより、「嫌われない」というほうが正しいかもしれません。

「つかず離れず」のつき合い方が天秤座の特徴です。その距離感が相手にも負担がなく、疲れない関係を続けていけるのです。

彼は、必要以上にベタベタすることはありません。「あっさり」「さっぱり」していると思われるのは、そのためです。それが「彼っていいよね」という印象を人に与えます。自分では積極的に友達をつくろうとしているわけではないのに、知らずしらず仲間が増えてしまう、というのも素敵な「天秤座あるある」です。

人づき合いのいい人は、人に合わせて、自分を抑えこんでしまいがちですが、天秤座は、そんな無理をすることもありません。自分の意思や主張を持ったうえで、相手の意思や主張も認めることができるのです。

天秤座男子には、それだけの知恵と判断力が備わっています。彼は理想的な「大人の男」そのものです。

そんな大人な天秤座男子の「基本」を押さえておきましょう。

【天秤座男子の基本】
守　護　星：金星
幸運の色：グリーン・ピンク・パステルカラー
幸運の数：6
幸運の日：6日・15日・24日
幸運の石：オパール・サファイヤ
身体の部位：腰、腎臓

その他：金曜日・鏡・美術品

【天秤座男子の資質チェックシート】

□ 友人知人が多いほうだ
□ オシャレだとよく言われる
□ 美しいものが大好き
□ ケンカはしたくない
□ 一度決めたことでも変更可能
□ 束縛されるのは苦手
□ 活発なほうだ
□ 一人でいるより、仲間と集まるほうがいい
□ 楽しいことを優先しがち
□ がんばるのは、ちょっと恥ずかしい

資質チェックシートで3つ以上「✓」があれば「天秤座」の典型男子といえます。「彼にはまったく当てはまらない」という場合には、彼には「太陽星座」以外の惑星の影響が強く出ている可能性があります。

前にホロスコープについて書きましたが、人が生まれたときの星の位置によって、それぞれの性格や資質といったものの傾向を見ていくのが西洋占星学の基本です。

彼が「天秤座」だというのは、太陽星座が天秤座だということですが、それは、生まれたときに太陽が天秤座の位置にあったということです。

そして、その人の性質の傾向は太陽星座に大きく影響されますが、人はそう単純ではありません。

同じ日、同じ時間に生まれた双子でさえ、その性質には違いがあります。それはもちろん西洋占星学だけでは説明のつかないこともありますが、その人の詳細なホロスコープを見れば、その違いがわかります。

同じ天秤座でも、みんなが同じということはありません。

たとえば前でも紹介した月星座を見ることでも、また別の分類ができます。

人によっては、あるいは同じ人でも、つき合う相手との関係においては、太陽星座よりも月星座の性質が強く出ることがあります。

また、「資質チェックシート」で彼に当てはまるものが少なかった場合に考えられるのは、彼があなたに本当の姿を見せていないということです。

社交的で誰とでも仲よく振る舞える彼ですが、急によそよそしい態度になったりしたときには、なにか気になることがあるのかもしれません。そんな彼の本音を探り、理解していくことが、彼との関係を縮める一歩になるはずです。

天秤座男子の性格

美意識が高い平和主義者！　フットワークが軽い！

あなたは自分の性格をどんなふうにとらえているでしょうか。

性格というものは親からの遺伝によるところも大きいでしょうが、親とはまったく似ていないという人も大勢います。

ではその性格はどうやって形づくられるのかといえば、それは生まれたときの宇宙の環境、つまり星の位置によって決まるといっても過言ではありません。

12星座にはそれぞれ性格の特徴があります。それぞれに、よい面もあれば、悪い面もあります。

天秤座男子にも次にあげるような長所、短所があります。

［長所］　　　　　　［短所］
平和主義　　　　↕　八方美人
策を惜しまない　↕　策士
高い美意識　　　↕　気取り屋
干渉しない　　　↕　無関心
フットワークが軽い　↕　軽薄

長所と短所は背中合わせで、よいところであっても、それが過剰に表れれば、短所として他の人には映ります。

けれども天秤座は、12星座のなかでいちばんバランス感覚のよい星座です。だから彼には偏ったところがありません。長所が長所として表れやすい星座だといってもいいでしょう。

また、社交的な彼は、初対面の相手でも感じよくつき合うことができます。大抵の人は、彼に対して「感じがいい人」という印象を持つでしょう。

人は「感じがいい」と思う相手のことは、すんなり受け入れやすいものです。彼のいいところがたくさん見えて、そこから、彼のことが好きになった、という人もいるかもしれません。

ただし、彼との距離が少しずつ縮まると、長所が短所になっていきます。好きだったところが、嫌いなところになるのです。

平和主義で、ケンカや揉めごとは、絶対に避けたいと思っています。

八方美人といわれてしまうほど、誰にでもいい顔を見せてしまう天秤座ですが、特定の人にのめりこんだり、執着したりすることはありません。だから、どんなに親しくなっても、自分は愛されていないのではないかと不安になることもあるでしょう。

理性的な彼は、相手やその場の状況によって行動が変化します。どんな状況にも最善の策で対応したいと考えて動くのです。それがいきすぎて、人によっては彼を「策士だ」という人もいるでしょう。

守護星を金星に持つ天秤座は、美意識が高く、どんなものでも「美しいこと」が重要です。デザインなど芸術的に美しいものはもちろん、美しい生き方、美しいライフスタイルを求めているところがあります。

そのため、彼はオシャレ男子です。一見、そうとは見えなくても、持ち物一つにしても、自分なりのこだわりがあり、またそのセンスは、なかなかなものです。

天秤座の辞書には、「なりふり構わず」という言葉はありません。

彼の行動は、常に優雅で上品です。感情的になって取り乱すこともなければ、どんなに切羽詰まった状況でもペースを崩すこともありません。

聡明な彼は、大抵の出来事に理性的に対応できます。

たとえ徹夜明けでも、疲れた様子はみじんも出さず、朝からビシッとスーツを決めてしまいます。

ここで天秤座を説明するのに無視できない、12星座の分類について二つお話しします。

まず12星座は、「男性星座」と「女性星座」の二つに分けることができます。

その分類は次の通りです。

【男性星座】……牡羊座・双子座・獅子座・天秤座・射手座・水瓶座
【女性星座】……牡牛座・蟹　座・乙女座・蠍　座・山羊座・魚　座

天秤座は男性星座に分類されますが、男性星座だから男らしいということではありません。

中国には、森羅万象、宇宙のありとあらゆる事物は「陰」「陽」の二つのカテゴリに分類するという思想がありますが、それに当てはめるなら、「男性星座」は「陽」、「女性星座」は「陰」になります。

男性星座は外に向かう意識であり、女性星座は内に向かう意識です。

もう一つは3つの分類方法です。

これは12星座を行動パターンによって分類したもので、「活動宮」「固定宮」「柔軟宮」の3つに分かれます。

【活動宮】……牡羊座・蟹　座・天秤座・山羊座
【固定宮】……牡牛座・獅子座・蠍　座・水瓶座
【柔軟宮】……双子座・乙女座・射手座・魚　座

活動宮は、スタートさせる積極的な力を持ち、意欲的に行動します。
固定宮は、エネルギーを貯蓄し、持久力と維持力があります。
柔軟宮は、やわらかい性質で、変化に対応できる力があります。

この二つの分類から、天秤座は「男性星座」であり、「活動宮」であることがわかります。つまり、外に向かう意識を持ち、積極的に活動する星座だということです。
天秤座男子は、気になったことがあれば、すぐに行動に移します。その変化やスピードについていけず、取り残された感じを持つ人もいるでしょう。

人によっては、彼のことを「軽薄な人」と思っているかもしれません。何も考えないで、ただ行動してしまうように思えて、いいかげんな印象を受けるのです。

けれども、短所と長所は背中合わせです。すぐに行動できるのは瞬時に策を練ることができるから。だからこそ、チャンスをつかめるということもあります。

「活動宮」の人に、じっとしていろというほうが難しいのです。それは、「固定宮」の人に行動力を求めるのと同じで、どちらもうまくいかないことのほうが多いでしょう。

それぞれに、それぞれの傾向があります。その本質を知ることで、彼の言動の意味が理解できるかもしれません。自分の考えを押しつけるのではなく、相手の考えを理解する。そうしたバランスをとることに長けているのが、天秤座です。

神話のなかの天秤座

感情に左右されることなく調和を保つ

夜空に広がる星たちは、さまざまな星座を形づくっています。あるときは勇者であったり、あるときは動物や鳥などの生き物、または日常で使う道具となって語り継《つ》がれ、その多くは神話として残されています。

現代では夜も暗くならない都会や、空気の悪い場所では、とても明るい光を放つ星以外、星座という形で見る機会は、少なくなってきました。

それでも、そうして神話が語り継がれてきたからこそ、私たちは星座の一つひとつを知り、その教訓を星の教えとして学ぶことができます。

天秤座の「天秤」は、正義の女神アストライアの持つ天秤だとされています。

ギリシャ神話には、「黄金の時代」という世界があります。この世界では人は、病気もなく、死なず、また働かなくても幸せにすごすことができたのです。

ところが人間はしだいに堕落《だらく》していき、やがて「鉄の時代」となって、争いや殺し合いを始めるようになります。

その様子に神々は呆《あき》れ果て、人間たちを見放して、地上から去っていきました。

けれども、そのなかで女神アストライアは、最後まで人間の可能性を信じ、地上に留まりました。

アストライアは自分の持つ天秤で、正義を計っていました。この天秤で、正義とは何か、均衡《きんこう》を保つ調和とは何かを諭《さと》していたともされます。

時代が変わるにつれて、天秤の傾きが変わりはじめても、アストライアは人間のなかにある正義や調和を信じていたかったのでしょう。それが叶わないとなったとき、天秤とともに夜空の星になったそうです。

ここでもう一つ、天秤座の特徴としてあげるなら、天秤座の「秤」だけが、12星座で唯一、生き物でもなく、人（神）でもないということです。

他の星座は動物や人（神）という生き物ですが、天秤座だけが「秤」なのです。

水瓶座も「水瓶」ですが、この星座は、水瓶を持つ美少年の図として描かれており、「水瓶」が単体ということではありません。

天秤座の神話に登場する女神アストライアは乙女座となり、「秤」だけが天秤座となったのです。

女神とは別に、秤だけで一つの星座となっていることで、感情に左右されることなく、冷静かつ客観的に物事を見る「天秤座」の特徴を表しています。

天秤座の人は平和主義で、必要があれば争いのなかに入り、仲裁役を担《にな》える唯一の星座ということです。

天秤座男子のキーワード

「I weigh」「I balance」（私は計る、バランスをとる）

星座にはそれぞれ、キーワードがあります。

天秤座には、

「I weigh」（私は計る）

「I balance」（バランスをとる）

という二つのキーワードがあります。

まず「I weigh」（私は計る）は、「物の量や重さなどを調べる」という意味から、計算高いイメージで受けとってしまう人もいるでしょう。けれども、これは「見極める」という意味です。

また、「I balance」（バランスをとる）は、「均衡を保つ」という意味です。

天秤座は、物事をきちんと見極め、均衡を保って行動します。

どんな状況でも冷静に判断して、何に対しても調和を生み出します。「調和」とは複数の関係が良好で、バランスのよい状態のことをいいます。

「バランスよく」というのは簡単なようで、なかなか難しいものです。

たとえば毎日とる食事も、自分の好きなものに偏りがちです。食べる量も、いつも同じというわけにはいかず、食べすぎたり、食べなさすぎたりということがあります。仕事にしても、夢中になりすぎて仕事ばかりの生活になったり、逆に、他のことでおろそかになってしまうということもあるでしょう。

そういうふうに、偏ることなく行動できるのが天秤座なのです。

「調和を保つ」のは、人とのつき合い方にも発揮されます。

神話にも出てきたように、天秤座は正義の女神が持つ秤です。

正義の女神は善と悪を計り、正当に審判を下していました。でも、そこで終わりではありません。審判を下すことにより、何がよくて何が悪いかを明確に知らしめることで、その先にある平和な世界の実現をめざしたのです。

天秤座が平和な世界を望むのは、その世界が美しいことを知っているからです。

天秤座の守護星は、愛と美の星である金星です。美しいものに対する感性は、牡牛座と並んで12星座のなかで群を抜いています。

本書のタイトルは、『12星座で「いちばん洗練されている」天秤座男子の取扱説明書』としています。「洗練」とは、優雅で高尚なものにすることです。

天秤座には、磨き上げた品格ともいえるものが生まれながらに備わっています。「美しくなければ意味がない」と考えています。芸術的な美しさを好み、ファッションや持ち物にもこだわりがあります。それだけでなく、人間関係やライフスタイルなど、すべてにおいてセンスがよく、調和がとれていることを理想とします。その理想を求めるための努力を惜しむことはありません。

次の章では、そんな天秤座男子の将来性について見ていきましょう。

3

Future Success

天秤座男子の将来性

天秤座男子の基本的能力

どんな状況にも冷静に振る舞える人

考えも行動も軽やかで、何事においてもセンスのよい天秤座です。

感情に流されることなく、客観的に判断する能力があります。

だから、たいていのことは上手にこなします。

自分のライフスタイルにも美意識が高く、それに見合う生活をしたいと考えています。

仕事のポジションは、地味なところより華やかな場所を好みます。

収入は、より高いほうを望みます。

そのために必要なことは努力して、策を講じます。

ただし、それをあからさまに表に出すことはしません。彼にとって、感情をあらわにすることや必死な姿を見せるのは、ポリシーに反するのです。

「ポリシー」とは、物事を行うときの方針や原則のことですが、天秤座男子は「冷静に品よく振る舞う」ということが大前提にあります。

そのために、「彼はあまり頑張らない」と思っている人もいるでしょう。人が無我夢中で何かに取り組んでいるときには、「本性」や「人間臭さ」というものが垣間見えてしまうことがありますが、天秤座にはそれがありません。

だからと言って、それを必死で隠しているつもりはないでしょう。天秤座のイメージは「汗をかかない人」「熱くならない人」ですが、決して努力しない人ではありません。

心の内では揺れることもあるでしょう。

たとえ心の内では揺れていても、それを落ち着かせることができるのです。

前でもお話しした通り、天秤座の天秤には二つの皿があります。

一つの皿に「動揺」という心を乗せたら、もう一つの皿には「冷静」という心を乗せて、均衡を保ちます。

天秤座がいつも客観的に物事を判断できるのは、こうして心を落ち着かせることができるからです。

いつも冷静でバランスがとれた生き方を考える天秤座は、そのセンスのよさから、策を弄《ろう》しても、それを表に出さないという美学をもって生きているのです。

仕事のしかた、周囲との関わり方も、いつもスマートな彼。

そんな彼を、他の人には気づかれないよう、そっと後ろから支えることで、あなたも人として、女性として、品格とセンスを磨いていくことができるでしょう。

【天秤座男子のスペック】

行動力：★★★★★（5つ星）活発に行動できる
体　力：★★☆☆☆（2つ星）スタイル維持の努力ができる
情　熱：★☆☆☆☆（1つ星）情熱を見せるのはカッコイイと思わない
協調性：★★★★★（5つ星）社交的で友達づくりが得意
堅実さ：★☆☆☆☆（1つ星）華やかものに目がない
知　性：★★★★☆（4つ星）頭の回転が速い
感受性：★★★☆☆（3つ星）感情に振りまわされない
総合的な将来性：★★★☆☆（3つ星）

天秤座男子の適職

社交性と品格で評価を上げる

自他共に認める、高い美意識と知性を持ち合わせた天秤座男子。仕事についても、生まれ持った美意識と知性、そして社交性を活かせるものが向いています。

職業など、社会での活躍のしかたは、天秤座女子でも天秤座男子と同じです。

まずセンスのよさを活かすということでは、ファッション関係、芸術関係の仕事がピッタリでしょう。

また知性と社交性を活かした仕事も、天秤座にははずせません。

誰とでも自然に会話ができる天秤座は、人から好かれます。

職場や営業先で人間関係をスムースに築ける人は、評価も受けやすく、成果も出しやすいということがいえるのではないでしょうか。

初対面の相手にも好感を持たれやすい天秤座男子は、仕事の話も次へと進めることができます。ちょっとしたきっかけをつかむだけで、それをチャンスに変えられるのです。その才能を活かして、営業やサービス業など、人と多く触れ合う職業でもうまくいくでしょう。

相手に話を合わせるだけでなく、行動派の天秤座男子は、相手の要望や依頼にも迅速に対応できます。

たとえばコンサルタントやコーディネーターなど、人をつないだり、商品やサービスをコラボレートしたりするような「調整役」としても才能を発揮することができます。客観的に物事を判断できる天秤座だからこそ、全体の流れや人の関わりを把握して調整できるのです。

偏りがあればフォローしたり、省《はぶ》いたり、あらゆる角度から見て、考えます。そして、一つのことに執着しないので、たとえ失敗しても、それで止まってしまうのではなく、次へ進む原動力にしていくことができます。

どんな仕事をしても、天秤座の美意識がそこにはあります。

何をしても品格が損《そこ》なわれることはありません。そのため自分勝手な行動や周囲に迷惑のかかるような言動はしません。

人とのつながりを大切にしながら、媚《こ》びない仕事ができるのが天秤座です。


【天秤座男子が向いている職業】

デザイナー、ファッション関係、美容師、コンサルタント、コーディネーター、営業、サービス業、アーティスト、アドバイザー、裁判官、マスコミ関係

【天秤座男子の有名人】

稲葉浩志、大杉漣、東山紀之、辻仁成、氷室京介、安東弘樹、軽部真一、長野博、真田広之、郷ひろみ、ラサール石井、イチロー、渡辺謙、江戸川乱歩、島田荘司

天秤座男子の働き方

涼しい顔で、要領よくチームを動かす

臨機応変な天秤座男子は、仕事も速く、何をしてもソツがありません。無駄な動きや作業を省いて、要領よく仕事を進めていくことができます。

「要領よく」というと手を抜いたり、したたかなイメージを持たれたりするかもしれませんが、そうではありません。天秤座男子は、「目の前のこと」と「全体」の両方見ることができるのです。そこから必要に応じて行動していくので、無駄がないわけです。

他の人から見れば、天秤座男子の仕事は、それほど大変そうには見えないかもしれません。彼はいつも涼しい顔で仕事をします。たとえ心の内ではパニックを起こしていたり、とんでもなく憤《いきどお》っていたりしていたとしても、それを見せない、というの

は繰り返しお話ししてきた天秤座男子の特徴です。

そして実際、信じられないような速さとクオリティで、仕事をこなしていきます。

そうできるのは、要領がいいからこそです。

要領がいいのは、迷わないからです。どちらか選ばなければならないとき、そのつど天秤に載せて、重要性や必要性を考えます。そのため無駄がなく、結果、効率のいい判断ができるわけです。

天秤座男子の仕事のうえでの欠点といえば、自分が効率よく仕事を進められるため、それができない人のことを理解できないということでしょうか。

そうかといって、自分さえよければいいというのではありません。

頼まれれば、その人のフォローをし、必要があれば、チームの人など他の人にも協力してもらえるように行動します。

行動派の彼はフットワークも軽いのですが、先頭をきって一人で突っ走るタイプではありません。チームワークが必要な仕事は、仲間と協力して進められます。

むしろ、人と友好的な関係を築くことが得意な天秤座男子は、誰かと協力したり助け合ったりして仕事を進めるほうが能力を発揮できます。

天秤座男子は高い美意識から、華やかな環境やポジションでの活躍を好みます。

また束縛や窮屈な規則のなかでは、息苦しく感じてしまいます。

もともと何か一つのことをコツコツするような裏方的な仕事は苦手です。

地味な仕事がイヤだというわけではありませんが、それに意味を見つけられなければ、「やる気が出ない」のです。

仕事が速く、職場の調和を保ったり、調整役をしてくれる彼は、頼もしいチームメンバーです。ビジネスの場では、良好な人間関係が、大きな成功や結果につながります。天秤座男子の社交性が、それに役立ちます。

ソツがなく、調和のとれた雰囲気と安心感をつくってくれる天秤座男子は、男女問わず「欲しい人材」の一人といっていいでしょう。

天秤座男子の金運

投資は必要経費と考えて将来も安心

天秤座男子は美しさに対しての感性が高い星座です。ファッションに対してはもちろんのこと、自分に対して磨きをかけるための投資は惜しみません。

学んだり、体を鍛えたり、身だしなみやファッションなど、自分自身をベストな状態にしておくことは天秤座男子の得意とするところであり、彼にとっての必須条件なのです。

そのためには、お金も使います。

たとえば、若くてまだ収入がそれほど多くないときにも、無理をしすぎない範囲で服や靴にも、比較的いいものを購入します。

「見かけなんてどうでもいい」という人がいますが、天秤座にとっては、それはあり得ないことです。

男性でも女性でも、いつも美しく、清潔感を大事にしたいのが、天秤座です。自分を客観視できるので、「いまの自分に似合うもの」をよく知っています。

バランス感覚にすぐれた天秤座は、一気に散財したり、身分不相応なお金の使い方はしませんが、ときにはストレスなどで、そのバランス感覚を崩してしまうことがあります。金銭感覚が狂って、ふだんでは考えられないような買い物をしたりということがあるかもしれません。

もともとコツコツ貯金をしていくタイプではないのですが、まったく貯金をしないということもありません。収入や自分の財産のなかで必要経費と貯金という調整がうまくできるのです。

右肩上がりどころか、現状維持すらも難しそうな不安定な日本経済において、バランスのよい金銭感覚を持つことは大切です。その意味で、天秤座男子はパートナーとして安心できる存在であり、将来は安泰な可能性を秘めているといえるでしょう。

天秤座男子は、自己投資以外の投資にも才能があります。社会の情勢と変化を見ることができるので、株などに出資して利益を出すことも得意です。その才能を活かせば、大きなお金を手にする可能性も充分あります。

天秤座男子のセンスのよさは誰もが認めるものです。本人の生き方や幅広い交友関係などから生まれる信用は、仕事と収入につながります。

また、お金をふやす方法として、男性も女性も、異性からそのチャンスをもらうというのは、天秤座ならではの特徴の一つです。

天秤座男子の健康

腰、腎臓に関する病気に注意

太陽の位置や月の満ち欠けという星たちの動きは、自然界だけでなく、人の身体にも大きな影響を与えています。

たとえば、太陽の光が輝く昼間は活発に動き、夜になると眠くなるという日常の身体の現象をはじめ、女性の生理周期は月の周期とほぼ同じです。また、満月の夜にいっせいに産卵するウミガメや珊瑚《さんご》の例もあります。人間でも満月の夜に性交する男女が多いことを、以前、英国の軍隊が確認したというレポートもあるほどです。

医学の父と呼ばれるヒポクラテスも占星学を研究し、実際医療に活用していました。これを占星医学といいますが、12星座の身体の部位の関係は否定できません。

［星座］　　［身体の部位と、かかりやすい病気］

牡羊座――頭部、顔面、脳

牡牛座――耳鼻咽喉、食道、あご、首

双子座――手、腕、肩、肺、神経系、呼吸器系

蟹　座――胸、胃、子宮、膵臓、食道、消化器系、婦人科系

獅子座――心臓、目、脊髄、循環器系

乙女座――腹部、腸、脾臓、神経性の病気、肝臓

天秤座――腰、腎臓

蠍　座――性器、泌尿器、腎臓、鼻、遺伝性の病気

射手座――大腿部、坐骨、肝臓

山羊座――膝、関節、骨、皮膚、冷え性

水瓶座――すね、くるぶし、血液、血管、循環器系、目

魚　座――足（くるぶしから下）、神経系

前頁の一覧を見ると、天秤座は「腰、腎臓」となっていて、その部位の病気にかかりやすいのです。

ここで重要な点は、健康問題が起きやすいというのは、その部位をしっかり使っているということです。

天秤座の注意すべき部位に「腰、腎臓」ですが、ここでも天秤座のキーワードの「バランス」という言葉がポイントとなってきます。

まず、「腰」は身体の要《かなめ》と言われるように、身体の上半身と下半身の間にあり、バランスをとる、いちばん重要なところです。上半身の重力を骨や筋肉で支え、下半身に脳からの指令を出す神経を束ねています。

たとえば椅子に座っているだけでも、腰に力が入っていないと上半身は支えられません。また歩くときも、腰が安定していないと身体全体のバランスが悪くなり、うまく歩けません。重いものを持つとき、寝ているときでさえ、常に身体のバランスをとるのになくてはならない部位であり、中心となる部位なのです。

そのため筋肉や骨などがバランスを崩すことで、「腰痛」として症状が出やすくなります。一般的に「腰痛」とひとくくりにしますが、具体的な原因はさまざまです。

冷えや姿勢の悪さから来る血行障害。

骨や筋肉の疲労やヘルニア、坐骨神経痛やぎっくり腰などもあります。

また内蔵の病気から「腰痛」という症状になる場合もあります。

実際、この「腰痛」は原因がはっきりしないことも多く、痛みが出る前から生活のリズムやストレス管理が重要となってきます。

また腎臓は体内の血液を濾過《ろか》したり、不要なものを体外に排出したり常に血液の状態と血圧をバランスよく保とうとしている臓器です。

その他にも血液をつくるホルモンを出したり、骨を強くするとされるビタミンDをつくり出しています。身体の状態をよい状態に保てるように、血液や体液、骨などを調整してくれる臓器なのです。

天秤座は、どの星座よりもバランス感覚がよい星座です。そのために、少しでもバランスが狂ってしまうと、健康にもダメージを受けやすくなります。

また、ストレスがたまったり、身体が疲れたりしていても、それを表に出さない星座なので、無理をしてしまいがちです。周囲の人にも、それがわかりにくいこともあります。

いつもさわやかに振る舞っている彼ですが、身近にいるあなたがそばで気遣ってあげるようにしましょう。

天秤座男子の老後

自分磨きが生涯を通じてのテーマ

センスのいい天秤座男子は、年を重ねても若い頃と変わらず、オシャレな雰囲気が変わることはありません。身だしなみにも人一倍気を遣っていますが、本人には、それはいたって自然なことなのです。

服装はもちろんのこと、持ち物にもセンスのよさが輝きます。そのため実年齢より若く見られる天秤座男子も多いでしょう。

人あたりのよさもかわらないので、男女問わず同世代の人たちはもちろんのこと、下の世代の人からも好かれます。

病気やケガなどで寝たきりにならない限り、趣味や娯楽、ボランティアなどで、新しい人たちとも出会い、そうしたつながりのなかで楽しさを見つけていくでしょう。

年をとると、若い人たちに偉そうにしたり、ときには説教したりという人がいますが、天秤座男子には、そんなことはありません。

そんなことをしても、カッコ悪いだけだと思っています。

天秤座男子は、価値観が違う相手に自分の考えを押しつけたり強要したりしても無意味だとわかっているため、わざわざ相手の気分を害するようなことを言ったりはしないのです。

また、生活感がないというのも、天秤座男子の特徴ですが、いくつになっても好きなことをして、のびのびと人生を楽しんでいるように見えます。

そういうところも年齢、性別に関係なく、多くの人に好かれる魅力の一つでしょう。

若い頃から自分に投資することを積極的にしてきた天秤座ですが、それを怠《おこた》ることはありません。

天秤座男子にとって、自分磨きは生涯を通じてのテーマなのです。

そのためには、興味のあることには積極的に行動しようとします。

フットワークも軽く、ジムに通ったり、美術館に足を運んだりします。本を読んで知識を蓄《たくわ》えることも嫌いではありません。現役の頃にはできなかったことに、いそいそと時間を費やすでしょう。

家の雑事や面倒な問題には無関心な面もありますが、自分が美しくあるためにはストイックに鍛え、それによって天秤座の永遠の若さと健《すこ》やかさは保たれるのです。いくつになってもオシャレな彼と一緒にいることで、あなたのセンスも磨かれていくでしょう。生活に疲れるというようなイメージがない彼との暮らしは、日常のゴタゴタにとらわれることがなく、さわやかな老後を送れるでしょう。

4

Love

天秤座男子の恋愛

天秤座男子が惹かれるタイプ

美人で都会的な雰囲気のある女性に弱い

センスのよい天秤座男子は、自分の隣にいる女性にも、同じように洗練された美しさを求めます。

都会的な美人に弱い、というのは天秤座男子の共通点。

「なんで、あいつの彼女はいい女ばっかりなんだ」

などと言われている人は多いでしょう。

美しいものに魅力を感じる天秤座は、高嶺《たかね》の花にも果敢にアタックします。

愛と美の星である金星を守護星に持つ彼に、「美」においての妥協はありません。きれいなものはきれい、と吸い寄せられるように美人に引っ張られてしまいます。

「それなら美人じゃない私にはチャンスなし？」

とがっかりしてしまう人もいるかもしれませんが、あきらめるのは早すぎます。

というより、美人なら何でもいいかというと、天秤座はそう甘くはありません。

洗練された天秤座は、洗練されたものに惹かれます。

顔がちょっときれいなだけでは、彼の鋭い観察眼では弾《はじ》かれてしまうかもしれません。美人とは、ビジュアルだけでなく、その所作や言葉づかい、ファッションセンスや身だしなみ……それらを引っくるめて、美しい人です。

また、どんなに美人でも、話し方やマナーで、その場で浮いてしまうようなことがあれば、魅力はたちまち半減してしまいます。

たとえば、人前でベタベタしたり、誰に対しても友達と同じようにしか話せないような女性には、心のなかでは距離をとってしまったりするでしょう。

女性の印象はメイクのしかたによっても変わります。男性のなかには、メイクしない女性がタイプの男性もいますが、天秤座はそうではありません。地味なスッピンよりは、ナチュラルメイクをしているような女性が好みです。

天秤座男子は芸術的なセンスがあり、ムードを大切にします。それを無視して喋りすぎるような女性は、彼にとっては論外です。かといって、何を話しても、黙って聞くだけでは会話は盛り上がっていきません。

自分の意見や気持ちをためこんでしまうのではなく、相手にきちんと伝えられる。そういう女性を認め、求めるのが天秤座男子です。

あなたの美意識やセンスを磨くことで、天秤座男子の愛の秤は、あなたに傾いていくでしょう。

天秤座男子が求める理想の美しさには、女性的なセクシーな部分も含まれます。知的な女性は、セクシーさから遠ざかってしまうことがありますが、天秤座は、どちらも持ち合わせた、バランスのいい女性に惹かれるのです。

天秤座男子の告白

告白する前から女性をその気にさせてしまう

活動宮の天秤座男子は、好きな相手ができると積極的にアプローチを始めます。そういうと、いかにもガツガツとした肉食系な男子を想像するかもしれませんが、天秤座男子のアプローチは、そうしたものではありません。

彼は自分の感情をそのまま表に出したりするようなことはなく、あくまでもさりげなく、相手との距離を少しずつ縮めていきます。

だから最初のうちは、彼がたとえアプローチしてきたとしても、当のあなたはまったく気づかないかもしれません。

「たまたま彼と映画を観ることになってしまって……」

「たまたま彼と美術展に行くことになってしまって……」

たまたま意気投合して、「天秤座男子とつき合うようになった」という人もいるかもしれませんが、彼はもともと誰とでも、プライベートな時間をすごすタイプではありません。「なんとかしてつき合いたい」というほどでなかったとしても、少なくとも「ちょっといいなと思っている」くらいの関心がなければ、そういう機会をつくったりはしないでしょう。そして、そうした機会を決して無駄にはしません。

相手の女性が嬉しくなるような小さなサプライズを用意する。そんなことが自然にできてしまうのが、天秤座男性です。

そんな彼は女性にモテますが、彼からすれば、「勝負はとっくについている」のです。つまり、彼が告白する前から、相手の女性が自分にいい印象を持つように仕向けています。

天秤座男子は、何事にも事前の計算ができる人です。「この女性とつき合いたい」と思ったら、それを成功させるべく、本人のなかではかなり入念に策を練ります。

そして告白するまでもなく、女性は、「知らずしらずのうちに彼のことが好きになっていた」となってしまうのです。

すでに、彼のことが気になるあなたは、もしかしたら彼の策にはめられてしまったのかもしれません。けれども、それが悪いというのではありません。

彼ほど、美意識が高く、スマートな男性はいないでしょう。きっかけはどうでも、あなたが心から、彼を愛したいと思うなら、その価値がある男性です。

天秤座男子は、人に好かれます。子どもの頃から、なぜか人気者だったという彼は、じつは告白されることにも慣れています。

もしも彼のことが好きなら、自分から告白してもよいでしょう。彼は笑顔で受け入れてくれるかもしれません。

万一、彼があなたの気持ちを受けとめられなくても、あなたを傷つけるような断り方は決してしません。その後も仲のよい友人として、上手につき合っていけるのが、洗練された天秤座男子ならではの才能です。

天秤座男子のケンカの原因

彼とより深く結ばれる仲直りのコツ

平和主義の天秤座男子の彼は本来、敵をつくりたくありません。

調整する力がある天秤座男子は、問題が起こったときには、どうすれば解決できるかということを考えます。どんなことでも、特定の「誰か」と言い争ったり、感情的になったりしたところで、うまくいくことはありません。少なくとも、天秤座男子はそう思っています。

話し合ったり、歩み寄ったりすることで、問題の原因と解決方法を探り、お互いが納得できる道を模索します。

神話にもあるように、天秤座は「善と悪」を秤に載せて測り、正義を諭すことができます。それはまるで裁判官のように、そのときの状況を見極めてジャッジする役目を果たすことができる星座なのです。友達同士のケンカの仲裁をするようなことも多いでしょう。

裁判官は、常に中立の立場で、物事を判断していきます。たとえ自分の家族や恩義のある人であっても、例外はありません。それだけ公平であるということですが、相手からすれば、「家族なのに厳しすぎる」「友達なのに水くさい」というような印象をもたれるかもしれません。

天秤座が冷静だといわれるのは、そんなところが原因でしょう。

自分からケンカを仕掛けたりすることはありませんが、稀《まれ》にケンカに巻きこまれるようなことはあります。

そんなときには、ついつい感情的になってしまうものですが、天秤座はそうならないように自分にブレーキをかけます。

「感情にコントロールされない」というのは、天秤座男子の生き方といってもいいほどです。

相手が感情的になっている場合には、なんとかそれを抑えようと努力します。

たとえば彼の仕事が忙しくて二人の時間が持てないようなときに、あなたは寂しくなって、彼に感情をぶつけてしまうかもしれません。

それに対して彼は、少しでもあなたの気持ちが収まるように、時間をつくろうとしてくれるでしょう。

けれども、それでもあなたが「足りない！」となったときには、もう自分にできることはないと考えて、あなたへの関心も徐々に引いていきます。

だからといって、その感情を表に出すわけではありません。

「感情をぶつけ合っても、いいことは何もない」

そんなふうに考える天秤座は、ただ少しずつ距離をおくようになります。

何に対しても調整をはかる天秤座は、たとえ嫌いになった相手とでさえも、争うようなことはしたくないのです。

何を言っても怒らず、わがままを聞いてくれると思っていた彼が、気がついたら、心変わりしていた、ということがあるかもしれません。

そうなってからでは遅すぎます。

彼は無口なタイプではないかもしれませんが、そうかといって、自分の本音や本心を誰にでもオープンに話すということもありません。

彼の真意がつかめずに、あなたが不安になることも多いかもしれませんが、そのようなときには自分の気持ちを穏やかに伝えてみましょう。感情的にならないことがポイントです。

優しい彼は、きっとあなたの気持ちを察してくれるでしょう。そして彼なりの解決方法で上手に調整してくれるでしょう。

天秤座男子の愛し方

小説を読むように恋愛を楽しむ

「恋のときめきが、人生に喜びをもたらすもの」

「愛とは美しく、人生を豊かにするもの」

天秤座男子は、恋愛小説にあるようなロマンスを求めています。

好きになった相手は心から大切にして、彼なりの愛の形を表現します。

愛し愛されることが、彼にとっての恋愛のエッセンスです。

けれども、だからといって、一生を一人に捧げる、というふうには思っていません。

軽やかで調和を好む天秤座男子は、恋愛に限らず、一つのものにのめり込むということがありません。一時は、それにハマることはあっても、執着することはない、というか、「そういうのはカッコ悪い」と思っている節があります。

恋愛は小説を読むように楽しむのが、天秤座男子の愛し方です。出会いを大切にして、愛する人には優しく愛情をもって接します。二人のあいだに問題が起きても、多少のことはストーリーを盛り上げるもので、それ以上のドロドロした関係は「お断り！」なのです。

セックスについても、本能のままに燃え上がるというより、二人の美しい愛の確認の行為として考えています。

そこに登場する女性は、行為のあいだも品格を保っていなければなりません。たとえばベッドでも完璧なメイク、女性性の高い下着は、天秤座男子とのセックスにおいては、はずせないアイテムといっても過言ではありません。

日常的にはそれが難しくても、二人の記念日などには、美しさを意識した演出を心がけましょう。上品にエレガントに振る舞うことで、彼の愛は一層あなたに向けられるでしょう。

天秤座男子の結婚

運命の人とのハッピーエンドを描いている

平和と調和を大切にする天秤座男子は、誰に対しても、どのようなことにも、執着せず、穏やかに対応しようとします。

自分の結婚についてもスタンスは同じで、焦りや〝必死感〟はありません。

「そのときが来たらすればいい」くらいの気持ちで、鷹揚《おうよう》に構えています。

そんな彼なので、独身主義なのかと思われることもありますが、結婚願望がまったくないというわけでもないのです。

結婚はしたいと考えていますが、自分から積極的に行動を起こしたりはしません。

「素敵な人にめぐり合えたら」

「タイミングがよかったら」

というような受け身的なところがあります。

だから、天秤座男子といま、まさにつき合っている女性は、彼の煮え切らない態度にイライラすることがあるかもしれません。

いつまでたってもプロポーズしてくれない彼の本意がわからず、不安に思えてしまうこともあるでしょう。

もしも彼との結婚を真剣に考えていたら、それとなく話をしてみましょう。

「私たち、結婚したらどうかな?」

「結婚のことを考えてみない?」

そんなふうに彼に伝えて、その反応がまんざらでもなかったら、もう少しプッシュしてみるのもよいでしょう。

彼の返事が曖昧《あいまい》な場合には、あなたの口調もつい強くなりがちですが、それでは結婚は余計に遠ざかってしまいます。

天秤座男子は、感情を押しつけられることを嫌います。本当は、結婚の意思がないわけではなかったのに、あなたの感情的な一言で、一気に冷めてしまうこともあることを肝に銘じておきましょう。

彼にとって、一緒にいても自分のペースを崩されないこと、一緒にいることで心地よくすごせることが、結婚相手に求める条件といってもいいでしょう。

あなたとの生活で、それが守られることがイメージできたときに、彼は結婚へと動きはじめます。

こう言うと、天秤座男子の結婚が決まるまでには時間がかかるようですが、そうとも限りません。

すでに天秤座男子と結婚している人のなかには、「彼からすぐにプロポーズされた」というケースも少なくないでしょう。

恋愛を楽しむ天秤座男子は、自分が理想とする女性に出会った瞬間に、劇的なストーリーが彼のなかで展開されて、結婚を意識することもあります。

「運命の人とのハッピーエンド」を描いて、積極的かつロマンティックに、二人の関係を進展させようと努力します。

あなたのほうでも彼との関係を深めたいと思ったら、彼の演出に乗ってみましょう。

それこそ、運命のゴールインとなる可能性大です。

天秤座男子と結婚したら、気をつけたいことはただ一つ。

「所帯じみないこと」

どんなロマンスも、結婚すれば「日常生活」になります。

デートや短期間の旅行であれば頑張れることも、毎日のことになれば、そうはいきません。子どもができれば尚のこと、少しずつオバサン化してしまうのは自然の摂理といってもいいかもしれません。

そこで所帯じみないことは、案外大変なことですが、天秤座は結婚しても、いい意味で生活感がなく、いくつになっても若々しい人が多いのです。

天秤座男子は、がさつな女性は苦手です。子どもができたり仕事が忙しかったりすると、部屋はどうしても雑然となりがちですが、そんななかでも「美しい生活」を心がけるようにしましょう。

あなた自身が、エレガントな品格を保てるように努力することです。

「家にいるときくらいリラックスして、気を抜きたい」という人もいるかもしれませんが、もちろん、それでいいのです。大事なことは下品にならないことです。

美意識の高い天秤座は、流行の先端をいくオシャレなものが好きです。それは言葉でも身だしなみでも同様で、時代遅れなセンスを引きずっていては、百年の恋もいつのまにか冷めてしまいます。

年を重ねても「初心忘れるべからず」で、自分を磨いてくことが、天秤座男子との結婚生活を幸せにすごせる鍵になります。

そうすることで、あなた自身の人生が、女性としても、より輝いていくことは言うまでもありません。

5

Compatibility

天秤座男子との相性

12星座の4つのグループ

火の星座、土の星座、風の星座、水の星座

12星座はそれぞれが持つ性質によって、4つの種類に分けられています。

（1）「火の星座」——牡羊座・獅子座・射手座
（2）「土の星座」——牡牛座・乙女座・山羊座
（3）「風の星座」——双子座・天秤座・水瓶座
（4）「水の星座」——蟹　座・蠍　座・魚　座

火の星座（牡羊座・獅子座・射手座）は、「火」のように熱い星たちです。特徴としては情熱的で、創造的なチャレンジをすることで元気になります。

土の星座（牡牛座・乙女座・山羊座）は、「土」のように手堅く、しっかり者です。現実的で慎重、忍耐力があり、感覚的な能力が発達しています。

風の星座（双子座・天秤座・水瓶座）は、「風」のように軽やかで、自由です。知識欲が旺盛で、社会的な物事を知的に理解する能力があります。

水の星座（蟹座・蠍座・魚座）は、「水」のようにしっとりしています。感情・情愛を基準に価値判断をします。自分だけでなく、相手の感情もとても重視します。

あなたの星座は、火、土、風、水の、どのグループに属しているでしょうか。

この4つの分類だけでも、天秤座との相性がわかります。

（1）「火の星座（牡羊座・獅子座・射手座）」と天秤座……まあまあよい

「火」と「風」の組み合わせは、ほどよく話し合える関係です。火は、風が吹くことで大きな炎になり、風は炎を大きくすることに喜びを感じます。

「牡羊座・獅子座・射手座」と「双子座・天秤座・水瓶座」は、お互いに成長できる関係を築くことができます。

（2）「土の星座（牡牛座・乙女座・山羊座）」と天秤座………ちょっと微妙

「土」と「風」の組み合わせは、互いに打ち消し合う関係です。風は自由でいたいのに、土をかけられることで動きが制限させられてしまうのです。土も、風の勢いでホコリとなって周りを汚したり、撒き散らされたりするのは嫌なのです。

「牡牛座・乙女座・山羊座」と「双子座・天秤座・水瓶座」は、一緒にいても、どこか居心地が悪いと、お互いに感じてしまうところがあります。

（3）「風の星座（双子座・天秤座・水瓶座）」と天秤座………とてもよい

同じ性質同士の組み合わせは、親しくなりやすい関係です。たとえば、火の性質同士、土の性質同士、水の性質同士というのは、一緒にいても違和感なく、出会ったばかりでもすぐに仲よくなりやすいものです。

風の性質同士も例外とはいえませんが、他のグループに比べると、同じ「風」であっても、「ちょっと違う」と感じることがあるかもしれません。

というのも、双子座、天秤座、水瓶座は、同じ風の星座であっても、それぞれが個性的です。どの星座も、人に対しての執着があまりありません。そのために、揉めることはなくても、お互いに相手にもう一歩踏みこんだ関係にはなりにくいでしょう。さっぱりとした、大人な関係というのがピッタリかもしれません。

(4)「水の星座(蟹座・蠍座・魚座)」と天秤座……ちょっと微妙

「水」と「風」の組み合わせは、打ち消し合う関係です。風の勢いを止める力が水にはあります。つまり風にとって水は、自分の自由を奪うものとなってしまうのです。「蟹座・蠍座・魚座」と「双子座・天秤座・水瓶座」は、お互いを理解できず、それを相手にわかってもらえないことで、次第にストレスを感じるようになるでしょう。

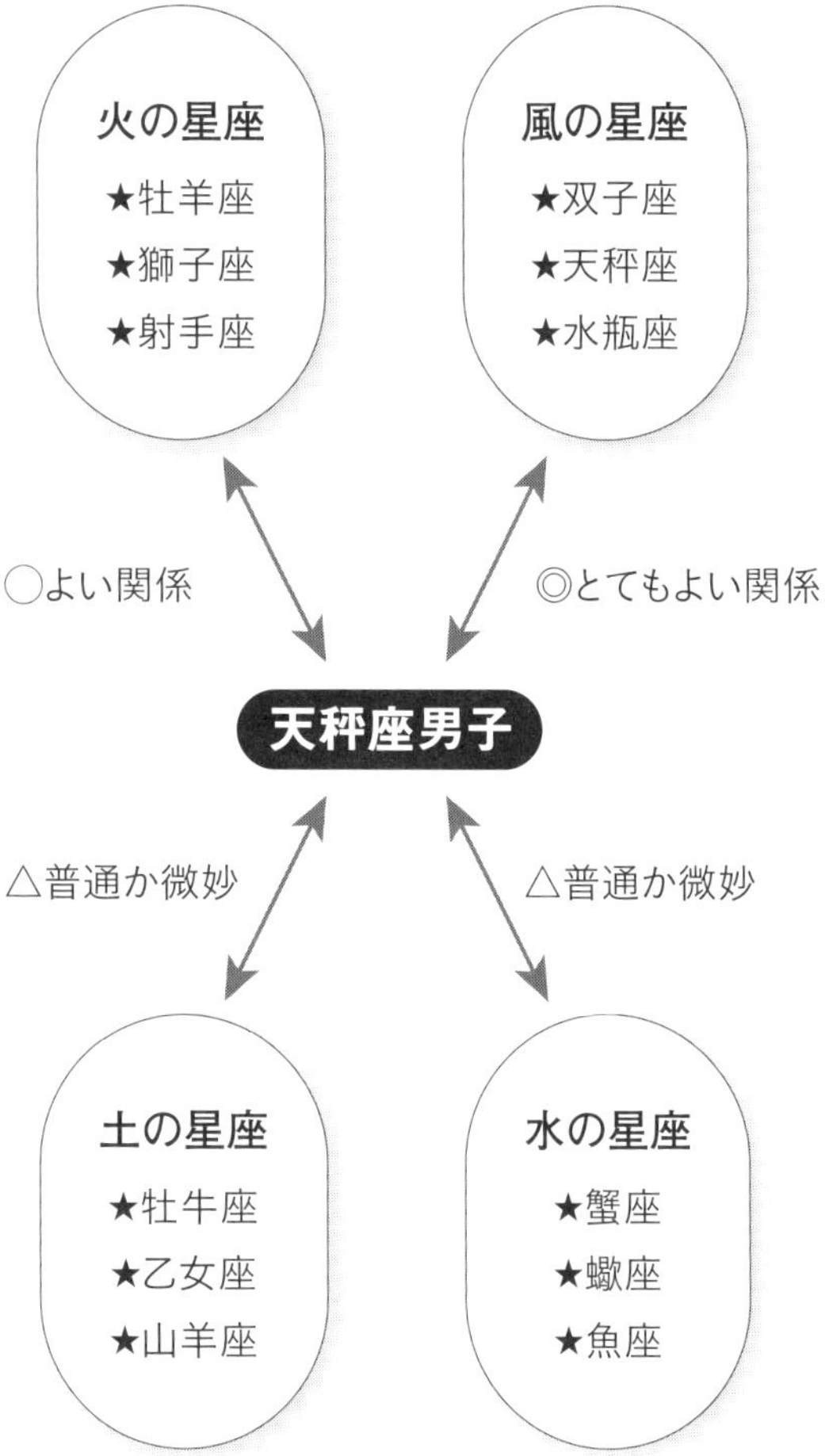

●**天秤座男子**と4つのグループ

12星座の基本性格

あなたの太陽星座は何ですか？

天秤座とそれぞれの星座の相性を見る前に、まずは12星座の基本的な性格を見てみましょう。それぞれの星座について、象徴的な言葉を並べてみました。

【12星座の基本性格】
牡羊座：積極的で純粋。情熱的。闘争本能が強い。チャレンジ精神が旺盛。
牡牛座：欲望に正直。所有欲が強い。頑固。現実的で安全第一。変化を好まない。
双子座：好奇心が強い。多くの知識を吸収して行動する。器用貧乏。二面性。
蟹　座：母性本能が強い。同情心や仲間意識が強い。感情の浮き沈みが激しい。
獅子座：親分肌で面倒見がよい。豊かな表現力。創造性がある。誇り高い。

乙女座：緻密な分析力。几帳面。清潔好き。批判精神が旺盛。働き者。
天秤座：社交的。人づき合いが上手。バランス感覚にすぐれている。
蠍　座：慎重。物事を深く考える。時に疑り深い面も。やるかやらないか極端。
射手座：自由奔放。単刀直入。興味は広く深く、探究心が旺盛。大雑把。無神経。
山羊座：不屈の忍耐力。指導力がある。地味な努力家。臆病。無駄がない。
水瓶座：自由で独創的。変わり者。博愛。中性的。ひらめき。発見するのが得意。
魚　座：自己犠牲的。豊かなインスピレーション。優しい。ムードに流されやすい。

性格には「いい性格」も「悪い性格」もなく、すべては表裏一体です。
それぞれの星座の「象徴的な言葉」から、あなたなりの理解で、読みとることが大切です。

12星座女子と天秤座男子の相性

組み合わせで、これからのつき合い方が変わる

牡羊座女子（火）と天秤座男子（風）――○

牡羊座と天秤座は「火」と「風」という協力し合える関係です。

牡羊座女子は活発で行動力があります。考える前に行動していたり、そのときの勢いで何事も一生懸命に取り組みます。そんな元気いっぱいな牡羊座女子に天秤座男子は興味を持ちます。

天秤座男子も行動力がありますが、振る舞いは上品です。誰ともバランスよくつき合えるので、牡羊座女子ともすぐに仲よくなることができます。

牡羊座女子は、自分が持っていないセンスのよさや、柔軟で物腰のやわらかいアドバイスに、他の人にはない魅力として惹きつけられます。

天秤座男子は調和を大事にするのに対して、牡羊座女子は、その場の空気を読むのが苦手です。よくも悪くも周りを振りまわしてしまう力があり、それが天秤座には理解しがたい面として映ります。牡羊座女子のほうも、天秤座男子のことを「八方美人」「はっきりしない」と感じることがあるかもしれません。そうなると、すれ違いが発生します。

恋のきっかけは、牡羊座女子が天秤座男子のオシャレで優雅なところにときめく瞬間です。そして恋の終わりは、牡羊座女子の融通のきかなさと単純さに、天秤座男子の気持ちが引きはじめることが、その原因となるでしょう。

牡羊座女子から交際が始まることも多いはずですが、それだけ天秤座男子は魅力的です。彼のセンスと品のよさに、気持ちが高まるのです。

飽きやすいことでは、牡羊座女子も天秤座男子も負けていません。けれども天秤座男子は、たとえ気持ちが冷めたと感じても、それをうまく隠して振る舞うことができます。じつは、すでに次の女性がいるということもあるので油断大敵です。

牡牛座女子（土）と天秤座男子（風）——△

牡牛座と天秤座は「土」と「風」という、まったく違う性質の組み合わせです。本来は違う性質の組み合わせですが、守護星はどちらも「金星」なので、わかり合える部分が少なくありません。

ことに「美しいもの」に惹かれるところでは、共感できることが多いでしょう。天秤座は芸術的センスもあり、華やかなものが好きです。牡牛座も五感がすぐれており、こだわりの美意識があります。天秤座と牡牛座が「いい」と思えるものは違っても、そのセンスのよさをお互いに認め合えるのです。

牡牛座女子は、おいしい店やこだわりのブランドや音楽など、日常の中で常に探求しています。そんな牡牛座女子は、天秤座男子のオシャレでさわやかなところに惹かれます。二人で話をすれば、かっこいいもの、おいしいもの、美しいものへと話題が広がって、楽しい時間がすごせるでしょう。

けれども、センスのいい二人だからこそ、そのこだわるところは少し違います。

天秤座は美しいものを見ているだけでも満足しますが、牡牛座は、その美しいものを所有したいと考えます。天秤座のこだわりは軽やかですが、牡牛座はとことん自分の理想を追求します。

美しい絵画があったときに、天秤座は鑑賞するだけで満足できますが、牡牛座はそれを購入して、自分の手に入れたいと思うのです。

天秤座は社交的なので、人とのつき合い方が上手です。牡牛座も物腰が柔らかく人づき合いも悪くはありませんが、牡牛座からすると、天秤座は八方美人に見えるかもしれません。天秤座男子は第一印象がいいので、ほかの女性からよくモテます。牡牛座女子は独占欲が強く、モテる天秤座男子にヤキモチを焼いてしまいます。

また、仲よくなればなるほど牡牛座女子のこだわりの強さを、天秤座男子は面倒に感じるようになります。

センスのいい二人は、傍《はた》から見ても目を引くカップルです。お互いを認め合い、共感できることを楽しむことで、新しい発見があります。幸せな家庭を築いていきながら、成長していくことができるでしょう。

双子座女子（風）と天秤座男子（風）――◎

双子座と天秤座は「風」と「風」の組み合わせです。

双子座女子は誰とでも臨機応変に対応できるので、人づき合いが上手です。天秤座男子も華やかで社交的です。二人のまわりには、いつも人が絶えない、その場が明るくなるようなイメージがあります。

二人とも淡白で、さっぱりしています。お互いに相手を束縛したり、感情を押しつけたりするようなことがありません。

ビジネスの関係でも、ほどよい距離感を保って、気持ちよく仕事がはかどります。

双子座女子は、天秤座男子の洗練されたセンスのよさに憧れます。

天秤座男子も、知的でクールな双子座女子に関心が湧きます。

一緒にいても居心地がよく、お互いに自分らしくいられるという点においては、もっとも相性のいい二人といっても過言ではありません。

けれども、双子座も天秤座も、よくも悪くも「執着」がなく、どんな相手でも束縛する気持ちがありません。「結婚」や「恋人」という形にもこだわりがないので、永遠に「誰よりもわかり合える友達」になってしまう可能性もあります。

どちらも、自分の好奇心に素直に動くタイプで、心移りしやすく、じつは浮気していたり、二股をかけていたり、ということもあり得ます。

また、たとえ一度別れてしまっても、何事もなかったかのように友人になったり、恋人関係にもどったりするのも、この組み合わせならではの特徴です。

蟹座女子（水）と天秤座男子（風）――△

蟹座と天秤座は「水」と「風」いう、まったく違う性質の組み合わせです。

蟹座女子は母性にあふれ、家庭的で、自分の愛する人、家族や友人をとても大切にします。一度好きだと思ったら、「彼のことしか考えられない」というほど、恋愛至上主義なところがあります。

天秤座男子の洗練されたセンスのよさに蟹座女子は惹かれ、天秤座男子は蟹座女子の包み込んでくれるような優しさにホッと安心します。

けれども天秤座男子は自由を好み、社交的です。そんな彼のことが蟹座女子は心配になります。感情に素直な蟹座は、彼のことを思うあまり、行動を詮索《せんさく》したり、女友達との関係を勘ぐったりします。

天秤座男子は、感情をストレートに出す蟹座女子を次第に持て余し、一緒にいることが息苦しくなってしまうでしょう。蟹座女子も天秤座男子のことが信用できなくなり、結局は、二人の関係は長続きしないかもしれません。

違う性質であるからこそ学びがあり、互いに成長していくこともできます。相手を知ることで、自分にとって何が大切かがわかるというのは、恋愛における一番の学びであり、それこそが恋愛の醍醐味《だいごみ》だと考えてみてはいかがでしょうか。

獅子座女子（火）と天秤座男子（風）——〇

獅子座と天秤座は「火」と「風」という、お互いが協力し合える関係です。

獅子座女子は常にストレートで、創造的チャレンジをすることで自分を充実させていくことができます。そんな獅子座女子を、天秤座男子はとてもまぶしく感じます。

華やかな雰囲気を好む獅子座女子は、天秤座男子のセンスのよさと品のある行動にときめきます。

獅子座女子は素直で、ときに調子に乗りやすいところがあります。天秤座男子は、獅子座女子のそんなところを無邪気でかわいいと思いながら、上手につき合っていきます。

ふだんはプライドの高い獅子座女子ですが、洗練された天秤座男子の前では、素直に振る舞えるのです。

二人で家庭を築いたり、ビジネスで組む場合には、獅子座女子のリーダー気質を活かしながら、天秤座男子がそれを上手に調整していくとうまくいくでしょうお互いの役割分担を理解して、それを実践することで、ほどよい情熱をもって、つき合うことができます。

獅子座女子は根が寂しがり屋のため、そばにいて、安心させてくれるような彼が欲しいのですが、その点は天秤座男子は難しいでしょう。

調整をはかる天秤座は、束縛されることを嫌います。自分からケンカを仕掛けたりすることはありませんが、次第に獅子座女子と距離をとったり、ひょっとしたら、新しく別な人とつき合いはじめてしまうかもしれません。

獅子座も天秤座も、どちらも自分以外の人とすごす時間を楽しめます。その楽しみ方は違いますが、共通の趣味やイベントなどで盛り上がることはできます。そうした時間を共有することが、二人の関係を長続きさせます。


乙女座女子（土）と天秤座男子（風）――△

乙女座と天秤座は「土」と「風」いう、まったく違う性質の組み合わせです。

乙女座女子はとても繊細で、分析上手の星座です。誰も気づかないような小さなミスを発見したりというような才能があります。

天秤座男子は思考を調整して、いつも全体のバランスを考えて行動します。そして、細かいところに気づく乙女座女子の緻密さに感動します。

乙女座女子はいつもきちんとしていたい星座です。秩序をもって、整った空間、関係性のなかで安心することができます。また清潔感があって、いつも身なりに気を配っていることにも天秤座男子は好感を持ちます。

土の星座である乙女座は、形になるものが好きですが、そこが風の星座である天秤座には「ない要素」といえるかもしれません。

お互いに「ない要素」に不満を抱えると、少しずつ、二人の関係はすれ違っていくでしょう。そんなすれ違いに、乙女座女子はストレスを感じてしまうことが多くなります。天秤座男子の社交的な行動が、乙女座女子には軽く思えて、傷ついてしまうのです。

お互いの得意分野を認めて、協力していくことで関係は深まります。程よい距離感で、お互いに干渉しないことが大切です。

天秤座女子（風）と天秤座男子（風）――◎

同じ星座同士の組み合わせは、多くを語らずともわかり合えます。同じ出来事についても、二人がほぼ同じように反応できるからです。たとえば、初対面でなんだか気が合うと感じたら同じ星座だった、というのはこの組み合わせに多いパターンです。

基本の性格が似ているので気も合いますし、それは行動にも出てきます。二人が並んだときに「雰囲気が似てるね」といわれることも多いでしょう。

相手を尊重して、お互いの好みを共有できると、とても強固なつながりになります。お互いがなくてはならないパートナーになれるのです。運命の出会い、永遠の同志、というような、かけがえのない存在でお互いがいられます。

天秤座は社交的で、美的センスにすぐれています。調和を大切にするので、相手のことを常に気遣いながら程よい距離感を保ちつつ、お互いに成長していきます。

お互いを束縛することなく、一緒にいて退屈しない、干渉しないという点で、とても居心地のいい関係といえるでしょう。

ただし、どちらも感情を表に出さないため、周囲からは「何を考えているかよくわからない、軽い二人」と見られているかもしれません。

結婚という形式にもとらわれないという人も、他の星座に比べると多いでしょう。出会った年齢によっては、つかず離れずの関係を、お互いに支障のない状態で築いていける組み合わせです。

一緒に仕事をするときも、同じペースで進めていきます。大きな失敗をしたりということはありませんが、目標に対する執着や「どうしても達成したい」という熱意に欠けるところがあるため、「成功してもしなくても結果オーライ」なのです。

二人の出会いは、お互いの美に対する感性のよさです。自分と似ている考えの異性がいるという発見で、近い関係になります。

お互いがそれぞれのツボをよくとらえてるので、「浮気まで想定内」と理解し合える関係になれます。

蠍座女子（水）と天秤座男子（風）――△

蠍座と天秤座は「水」と「風」という、まったく違う性質の組み合わせです。

天秤座は、社交的で行動力もあります。蠍座女子は安心できる人と静かにすごしたいと思いますが、天秤座男子は誰とでも友好的に交流ができるので、多勢の人と楽しい時間をすごそうとします。蠍座女子は自分のペースを大切にしますが、天秤座男子はその場の状況で行動をします。これだけ違う要素ばかりの組み合わせなのです。

しかし蠍座女子は水の星座で、深い愛を持っています。天秤座を深い愛で見守ることができます。天秤座男子のロマンティックな感性に惹かれ、彼が外で活動して疲れて帰ってきたとき、黙って受け入れる安定感があります。

性的にも好奇心旺盛な蠍座は、天秤座の好みを満たすためのいろいろなプレイにもつき合えます。セックスだけの相性で見れば、これ以上のカップルはありません。

けれども天秤座男子は、誰にでも優しいのです。

蠍座女子にとって、それは許せない行為です。愛した人だからこそ、裏切りや不実を認めるわけにはいかないわけです。

そのときにどうするべきか。どちらが正しいかということで責めても、関係は修復できないでしょう。

恋愛感情は理屈ではありません。彼との関係を続けたければ、彼を責めすぎないことです。少し距離を置くことで、あなた自身も落ち着いて、自分の気持ちに整理をつけることもできるかもしれません。

射手座女子（火）と天秤座男子（風）——〇

射手座と天秤座は「火」と「風」という、お互いが協力し合える関係です。

射手座はまっすぐで探究心があります。その探究心は、精神的な成長を求めるものであったり、単なる自分の興味を満たすものであったりと、多岐にわたっています。そんな射手座女子を、天秤座男子は興味深い存在として見ています。

天秤座男子は美意識が高く、上品です。言動に品格があり、誰とでも友好的な関係を築ける天秤座男子を、射手座女子は素敵に思うのでしょう。

お互いの共通の趣味や関心があると、二人の距離は縮まります。またお互いが自由でいたいというところが理解し合えて、初めの頃は居心地がよいのですが、自由な二人は自然と自分の興味のある方向へ気持ちが変化していきます。

ただし、世界観が大きく、好きなものには一心に情熱を注ぐ射手座女子を、天秤座男子が面倒になってしまうと、あっけなく二人の関係は終わってしまうかもしれません。射手座女子のほうも、平和主義の天秤座男子への情熱が薄《うす》れて、次の好奇心に興味が移ってしまうと、愛は一気に冷めてしまうでしょう。

二人の別れの原因は、好奇心の対象が、目の前の相手から他に移ることです。だから、すぐに別の恋人ができたり、恋愛よりも仕事や研究に興味がいったりします。

お互いが相手の趣味や好みなどを理解し、共通の趣味などで楽しむと、よい関係が続けられます。

山羊座女子（土）と天秤座男子（風）――△

山羊座と天秤座は「土」と「風」いう、まったく違う性質の組み合わせです。

山羊座は現実的で、忍耐力のある星座です。この星座の女子は目標を決めたら、コツコツと着実に積み上げていくことが得意です。ところが天秤座は、目標を明確にしたり、地道に努力をするということは苦手です。

山羊座女子の堅実的な進め方は、天秤座男子にはあまり理解できませんが、それは表に出しません。バランス感覚がよく、美意識の高い天秤座男子のことを、山羊座女子には理解できませんが、自分にはない才能として尊敬します。

山羊座は目標達成に向けて、事前の準備、計画、行動プランなどを準備し、着実に進めていきます。でも天秤座は、たとえ目標があっても、努力や頑張っている姿を表に出すことははずかしくてできません。

山羊座女子は天秤座男子の客観的に見える冷静なバランス感覚と行動力を、天秤座男子は山羊座女子の堅実性を、信頼し合うことで、よい関係を築くことができます。

山羊座女子の真面目さや、頑張りやさんなところが、天秤座男子には魅力的に映るのです。目標に向かってコツコツと努力したり、というのは天秤座男子にはまったくない部分だからです。逆に山羊座女子は、いつもスマートな天秤座男子に惹かれます。どんなことでもラクラクとこなしているように見えるところが、「かっこいい！」のです。

ただし好きだったところが、時間がたつにつれてイヤになるということはよくあります。山羊座女子も、天秤座男子が努力や忍耐力を見せないことに、次第に信頼できなくなっていきます。また、山羊座女子は真面目なので、いつも自由に振る舞う天秤座男子に不満を感じるようになります。それでも忍耐強いので、ギリギリまで我慢します。そして、天秤座男子にとっては突然に、「もう別れましょう」となることもあります。お互いが負担に感じる前に、自分にないものを理解し、話し合い、助け合うことで、二人の関係をお互いが成長できるものに変えていけるでしょう。

水瓶座女子（風）と天秤座男子（風）――◎

水瓶座と天秤座は「風」と「風」の組み合わせです。同じ性質なので居心地のよい関係を築いていけるでしょう。

水瓶座はとても自由な精神で、博愛的な星座です。権力や地位などによって人を差別せず、公平な心を持っています。天秤座も自由を好む知的な星座です。お互いに、相手を束縛せず、自分にないところは刺激を受ける部分として共有できます。

また水瓶座女子は、ひらめきと個性に満ちています。ファッションも一歩先を進んでいます。美意識の高い天秤座男子は、水瓶座女子の感性に刺激されます。

また何事にも執着しない二人なので、惹かれ合っても自由な関係をキープできるでしょう。ただし自由すぎて、どちらからともなく近づいては離れ、離れてはまた近づく、そんな微妙な関係が続く人もいるでしょう。

天秤座男子は社交的で、その場の雰囲気を察します。けれども水瓶座女子は個性的で、やや唯我独尊《ゆいがどくそん》の傾向があり、雰囲気を察することは不得手です。そんな彼女を「自分勝手ではずかしい」と天秤座男子が考えると関係は続きません。

水瓶座女子は自分から熱心にアプローチをしたり、恋愛にのめりこむことはありませんが、天秤座男子も一人の人に執着することはないので、その意味では似たもの同士ですが、それ以上の関係には進展しにくいデメリットもあります。

もっと天秤座男子に近づきたいという場合には、水瓶座女子から天秤座男子にアプローチしていくことが必要になるでしょう。

魚座女子（水）と天秤座男子（風）――△

魚座と天秤座は「水」と「風」の組み合わせです。

魚座は本質が優しく、多くの人に愛を注いでいきます。

天秤座は多くの人と仲よくはできますが、感情というものに執着しません。

たとえば、天秤座の行動を、愛を注ぐように献身的に協力してくれるのが魚座です。全身全霊で天秤座に尽くそうとするのです。天秤座も人には優しく接しますが、命をかけて何かにのめりこむということはありません。

水の星座の持つ〝情け〟は、風の星座である天秤座にはないものなので、理解できないのですが、それを表に出すことはありません。

天秤座男子は、献身的な魚座女子を愛おしく思うでしょう。「なんてけなげで、優しい女性だろう」と。でもそれは一瞬で、本当の愛情ではありません。

一方、魚座は、天秤座を支えたい、応援したいと思います。実際に、それを行動に移していくでしょう。魚座は自分がかけただけの愛情を、相手から返してもらえないと不満に感じるようになります。

「私はこんなに尽くしているのに」というわけです。その思いが涙となってあふれてしまうことがあるかもしれませんが、天秤座には、その涙の意味がわかりません。それでも何とか慰めてくれようとしますが、そんなことが続いたりすると、次第に天秤座男子は、「魚座女子は面倒だ」と思うようになります。

天秤座男子は頭がよく、異性からも人気があります。他の女性から誘われたり、気になる女性が現れたりすれば、そちらに関心は向かってしまいます。魚座女子の期待するやさしさや愛情は、天秤座男子からは注がれないのです。

バランスのいい天秤座男子は、相手の気持ちを理解しようとします。また公平な態度、公平な思考であろうと努力します。

自分のなかにある不満や不安は、彼に正直に伝えてみましょう。優しさと愛のバランスを保つことが、二人の関係を深めていくために必要です。

6

Relationship

天秤座男子とのつき合い方

天秤座男子が家族の場合

父親、兄弟、息子が天秤座の人

父親が天秤座の人

天秤座男子を父に持ったあなたは、「お父さんは穏やかな人だったけれど、あまり家にはいなかった」というような印象があるのではないでしょうか。

社交的で交友関係の広い天秤座は、家にじっとしていることがありません。仕事なのか遊びなのかは、小さいあなたにはわからなかったかもしれませんが、いつもどこかに外出していることが多かったでしょう。

たまに家にいることがあっても、子どものことはあまり干渉せず、自由にさせてくれていたのではないでしょうか。

だからといって、子どもから遠ざかっているわけでもなく、遊んでほしいと頼めば一緒につき合ってくれたり、話をしてくれます。

天秤座の父親は、子どもに対して感情的に怒るというようなことはありません。なにかイヤなことがあったのではないかというときにも、それを表には出さないようにしています。たとえ家族の前でも、いえ、家族の前だからこそ、家族とは関係のないことで不機嫌になったりするのはルール違反だと考えています。

子どものあなたが失敗したり、いたずらをしたりして、「怒られる！」というようなときにも、感情的に怒るということは、ほとんどないといっていいでしょう。叱ることはあっても、それは話して諭《さと》すような叱り方になるはずです。

天秤座は、怒って言うことを聞かせるのではなく、説明をして理解させることで、相手を動かそうとします。

相手が子どもでも、一人の人間として公平に扱います。

子どもたちできょうだいゲンカをしたような場合にも、両方の言い分を聞いて、その都度の判断をします。

「お父さんといると大人のように扱ってくれたことが嬉しかった」というような思い出がある人も多いでしょう。

天秤座の父親は、いくつになっても「オシャレ」です。流行も取り入れながら、自分の年齢にあった自分なりのファションを楽しんでいます。

それは、いかにも頑張って若づくりしているような印象を与えるものではありません。あくまでも自然に、センスが光ってしまうのです。そのため、同年代の男性に比べて若く見えますし、娘から見てもそういうところが自慢の父親、なのではないでしょうか。

子どもとの関係は、一見クールに思えるかもしれませんが、あなたたち家族や子どものことは大切に思っています。

家族のためにできることは、何でもしたいくらいに考えています。

父の日や父親の誕生日には、感謝の言葉を伝えましょう。

「いつも、ありがとうございます」

「いつまでも元気で、オシャレなお父さんでいてください」

家族からの感謝や励ましは、父親にとって、これ以上にない応援であり、プレゼントになります。いつもは感情を表に出さないお父さんでも、うれし涙を見せるかもしれません。

兄弟が天秤座の人

幼い頃から友人が多い兄を、あなたは少し羨ましく思っていたのではないでしょうか。天秤座男子は子どものときから活発に行動します。学校や塾、スポーツクラブなど、いろいろな場所に出かけては、誰とでも仲よく人とつき合えます。

小さいあなたは、そんな兄を、いつも他の人ばかりに優しくしていると思って、寂しい気持ちになったことがあるかもしれません。

でも、あなたが勉強などでわからないことがあって聞きに行けば、頭のいい兄は、さらっと要点を教えてくれたでしょう。

天秤座男子の兄は、家族であってもベタベタするようなことありませんが、妹であるあなたを、たとえ年が離れていても、一人の女性として接してくれたのではないでしょうか。大人になればなるほど、その傾向は強くなります。

年下だからと言って邪険に扱ったりしないのは、天秤座の兄の特徴です。

では、天秤座男子の弟についてはどうでしょうか。いつも柔らかい雰囲気で、マイペースで好きなことをしているように見えていたかもしれません。

強く自己主張することもなく、小さい男の子なのに大人びた感じで、ときには、年下と思えないような発言をしたり、冷静な目で家族や周囲の大人たちを見ていたりして、あなたを驚かせることがあったかもしれません。

天秤座男子は、年齢を問わず、客観的で冷静な視点で物事を見ています。家族やきょうだいであっても、身びいきで判断することがありません。そのために、言葉や態度を冷たいと感じることもあるかもしれませんが、逆にそれが頼もしいところでもあります。

あなたが味方をしてほしいようなことがあっても、冷静で論理的に答えるので、正直なところ、「ちょっと期待はずれ」になることもあるでしょうが、でも冷静に考えてみれば、彼の言う通りだと納得できます。おかげでイライラしていた自分の感情がスッと収まってしまったということもあります。

友人が多く、誰とでも仲よくなれるのが天秤座男子の特徴ですが、気の許せる家族と一緒にいる時間は、彼にとっては何より心を和《なご》ませるものになるでしょう。

そして、愛されていることに心から喜ぶ天秤座男子です。

「かっこいい」「素敵」「仕事ができる」「さすが」という褒め言葉も、できるだけ口にするようにしましょう。きょうだいだからと遠慮したり、恥ずかしがることなく、感謝の気持ちを伝えることが、彼の自信につながっていきます。

息子が天秤座の人

天秤座の息子はあまり自己主張をしません。だからといって人の言いなりになったりもしないのですが、小さな頃から、その場の空気を読むようなところがあります。

大人から見れば、気を遣いすぎているのではないかと心配になるかもしれませんが、その必要はないでしょう。

天秤座生まれの子どもは、小さくても、その場の状況や雰囲気をこわさないように、いろいろなことを察して調整しようとします。

けれども、どのように振る舞えばよいかということが、まだ幼く経験がないために、うまくできないことがあるかもしれません。そのときには、「あなたの気持ちはわかっている」ということを目や言葉で伝えたり、抱きしめてあげたりするだけで、安心できます。

活発で、遊びやスポーツも大好きです。どこに行ってもすぐに友だちができ、誰とでも仲よくつき合っていけます。

ときには自分の意見がなく流されているのではないかと思うことがあるかもしれませんが、天秤座男子は、いろいろな人と触れ合うことで、自分という人格を確立させていきます。そのなかで、彼の思考や才能が形成されていくのです。

親として、彼のいちばん身近に接するあなたは、そんな息子が安心できるような環境を提供しましょう。

息子が自信をもって社会で活躍できるように、彼の意思を尊重してあげたり、できること、才能だと思えることを褒めてあげましょう。

もちろん悪いことをしたら叱ってください。ただし感情的に叱っても、彼には響きません。一人の人間として、彼のわかる言葉で丁寧に論理的に諭してあげましょう。

年齢とともに成長し、洗練されていく天秤座男子の息子は、母親であるあなたにとって、誰よりも頼もしい味方になってくれるでしょう。

天秤座男子が友人（同僚）の場合

その場の空気を変える最強のムードメーカー

調和的でやわらかい雰囲気の天秤座男子は、職場でも多くの人に好かれます。同じ部署の人たちからはもちろんのこと、まったく関係のなさそうな他部署や出入りの業者さんまで、仲よさそうに話をします。

社内や業界での彼の人脈は本当に広くて、見当もつかないくらい。

「あの人は苦手」「ちょっと話しづらい」というタイプの人にも臆することなく、自然に話しかけることができる彼は、とても心強いムードメーカーです。

初対面の緊張しそうな場面でも、彼がいるだけでその場が和みます。

商談がうまくいかなかったり、険悪なムードになってしまったようなときにも、彼が加わることで、その場が収まることもあります。

とても自然なかたちで、その場にいる人たちの心を和《やわ》らげるのです。

一緒に仕事をしても、上から押しつけるような話し方はしません。いつもソフトに、言いにくいことでも、サラッと言ってしまえるのが、天秤座らしさです。

どんなときもスマートな彼は、必要以上に仕事を頑張ったりはしません。コツコツ地道に取り組まなければならないようなときには、いつのまにかいなくなっている、要領のよさもあります。

協調性はありますが、「自分のすること」をきっちりと決めて仕事をします。

彼は評価されることで成長していきます。そのため、チームや同僚、友人の評価は気にします。彼をその気にさせたければ、仕事や成果を褒めてあげましょう。喜んだ彼は、調子に乗ることはありませんが、嬉しくなってチームのために張り切ってくれるでしょう。

天秤座男子が目上（上司、先輩）の場合

数字を出すことこそがすべて

いつもおだやかで話しやすい。でも仕事となると頭がキレて成果を残す。

それを絵に描いたような人が天秤座男子の上司です。

上から押さえつけるような言い方で、部下と接することはありません。感情的になって、声を荒げたり、怒鳴ったりするようなこともありません。

だから、つい「優しい上司」と思ってモタモタしていたら大変。自分だけ取り残されていた、となってしまうほど、天秤座上司は仕事をテキパキこなします。

いつも冷静で、感情を表に出すことはありませんが、肝心なところは見ています。

仕事では結果を出すこと、自分がやるべきことはちゃんと果たすのは、天秤座男子の働くうえでの美意識の高さからです。その美意識を壊されるようなことは許せませ

ん。やることもやらず、結果も出せないというのでは、天秤座の上司からすれば、「あり得ない」ことなのです。

天秤座の上司は、部下でも同僚でも平等に扱ってくれます。人間関係における縦社会、職場での上下関係は実際にはあることですが、彼はそうしたものを重視していません。そんなことは関係なく、頑張って成績を上げた人はキチンと評価されるべきだと考え、それを実践します。

成績は数字で判断します。「計る」がキーワードの天秤座は、数字にシビアです。逆にいえば、数字を出すことこそが、評価される立場からしても、何よりもわかりやすい判断材料です。

怒らないからといって馴《な》れ馴れしくしすぎてはいけません。天秤座は品位というものを大切にしています。

誰にも公平にジャッジするのが天秤座男子です。部下にとって、これほど信頼できる上司は他にはいないといっても過言ではありません。

天秤座男子が年下（部下、後輩）の場合

にこやかな笑顔の裏に策あり

初めて会ったときから感じがよくて、フットワークも軽い。だから、天秤座の部下には、つい頼みごとも多くなってしまいがちです。

人あたりがいい彼は、営業などに連れていっても、その場の空気を読んで、黙るときは黙り、盛り上げるべきところでは盛り上げる。これは簡単なようで、案外できない「部下の心得」といってもいいでしょう。それが自然にできるのが、天秤座男子です。

数字にも強い彼は、仕事で結果を出そうともします。頑張っている姿を表に出したりすることはありませんが、上昇志向はあります。

どんなに仕事が立てこんでも、弱音を吐いたりせず、彼は軽快に仕事をこなしてい

きます。たいしたことはしていないのかと思いきや、よくよく見るとかなりの量の仕事を仕上げていたりします。

仕事ができて、職場内の調整役も担う社員ほど、経営者や上司にとって重宝なものはありませんが、それが天秤座男子です。

彼は強く自己主張したりすることはありませんが、常に策を講じて、ポジションや収入をアップさせることのために行動します。

策略家なので、無駄なケンカや揉めごとには関わらないよう、人間関係においても冷静に状況を見る目を持っています。

誰にでも公平だからといって、その人たちのことをよく思っているとは限りません。相手の人格や仕事のしかたで、じつは尊敬できないと思っている相手にも、にこやかに対応するところがあります。

仕事と遊び、必要なこととそうでないことを常に考え、行動するところから、策士に見えてしまうこともありますが、それをすることで彼はバランスを保っています。

いつも何もないように振る舞っているので、ストレスがないように思われるかもしれませんが、現代社会でストレスを感じずに生きている人は皆無《かいむ》といってもいいでしょう。天秤座男子も例外ではありません。

時には一緒に出かけたり、おいしいものを食べたりして、気分転換をはかるようにしましょう。

彼の成果を認めたり、彼の感性のよさを言葉に出して褒めることも大切です。

彼の得意なところや天性の才能を伸ばせるように協力してあげると、信頼関係が結ばれて、あなたの頼もしい味方になってくれるでしょう。

天秤座男子が恋人未満の場合

外見と内面の両方から磨かれた美しさが必須条件

天秤座は好感度が高く、どこにいてもスタイリッシュな佇《たたず》まいが目を引きます。

持ち物やファッションはあたりまえにオシャレですが、会話や立ち居振る舞いも、優雅な感じのする人です。

それは美意識が高く、自分がどのように見えているか、ということを考えているせいでもあります。

「どのように振る舞えばはずかしくないか」

「どのような服装がこの場所に合うか」

というように、自分の存在を客観視できる才能を持っているのです。

そんな天秤座男子だからこそ、恋愛対象の相手にも、同じようなセンスと美しさを求めます。

「一緒にいてはずかしくない女性と楽しい時間をすごしたい」

と思っているのですが、一緒にいる女性も自分の一部と考えている節があります。

こういうと、女性を自分の所有物のように考えているように思うかもしれませんが、そうではありません。

一緒にいる女性の美しさを自分が引き出し、その女性と一緒にいることで自分のよさも引き出せるという、天秤座のバランス感覚から来ている考え方です。

天秤座男子が好む女性は、身だしなみを整えていることは最低限のことで、ファッションはもちろん、立ち居振る舞いまで美しくあること。そこにセンスのよさも必要になります。

人と会うときは一度鏡を見て、服装やヘアスタイルをチェックするくらいのことは最低のマナーだと考えています。

髪がボサボサだったり、初対面でノーメイクであったりというのは、「女性としてどうなのか」と思うようなところもあります。

彼との距離を縮めたいなら、彼と同じくらいに、センスを磨き、美意識を持たなければなりません。がさつな女性、だらしのない女性が、恋人に昇格することは、まずありません。彼があからさまに、それを直接指摘したりすることはありませんが、彼の「距離を置きたい女性のグループ」に入れられてしまうでしょう。

極端なことをいうと、女性ということ以前に、社会人のマナーとしてあり得ないと考えているほどです。

洗練された天秤座男子に似合う女性になるには、美しさを外見と内面の両方から磨くことが必要となってきます。

天秤座男子が苦手（嫌い）な場合

無理に好きになる必要はない、でも理解してみる

あなたは天秤座男子のどこが苦手ですか？

見かけばかり気にしているところですか？

八方美人なところですか？

何を考えているかわからないところですか？

その全部でしょうか？

こうしたところは、天秤座男子の性分なので仕方がないのです。

この星座の男子は、スタイリッシュなライフスタイルを送り、調和を大切にしたいと思っています。

美しさに関する感度が高いために、オシャレなものや、きれいなものに吸い寄せら

れて、身なりや持ち物にもこだわりがあります。

カッコ悪いこと、みっともないと思うことは絶対にしたくないと思っています。

天秤座男子の「カッコ悪いこと」というのは、容姿やファッションだけのことではありません。

「感情をむき出しにする」

「人とケンカする」

「その場の空気を壊す」

「一緒にいる人に迷惑をかける」

というのは、すべて「カッコ悪いこと」であり、それはしないという自分なりのルールがあるのです。

自分の意見を主張することで、他の人がイヤな気分になったりすることも、彼には許せないことであり、したくないと考えています。

そのために、自分の意見よりも他の人の考えを聞いたり、それを取り入れて、その場をおさめようとします。その言動が八方美人に見えてしまうこともあります。

また感情に振りまわされるのも苦手です。

何事も論理的に考えたい、というのが天秤座男子の基本です。

そのために「冷たい」「あっさりしすぎている」ととられ、結果、何を考えているかわからないと思われてしまうこともあります。

天秤座は、人に対しては友好的な関係をつくりたいと考えています。初対面でも雰囲気がよく、人あたりもよいので、苦手（嫌い）という人は少ないでしょう。

けれども、それでも人間です。「合わない」と感じる部分が少しでもあると、苦手（嫌い）と感じてしまいます。

彼に無理に合わせることはありませんが、彼の本質を少しでも理解し、見方を変えてみると案外、育てがいがあるかもしれません。あなたの愛の大きさで優しく育ててあげては、どうでしょうか？

7

Maintenance

天秤座男子の強みと弱点

天秤座男子の強み

見せない努力の積み重ねが魅力になる

天秤座男子のバランス感覚のよさは、他のどの星座もかないません。同時に天秤座の持つセンスのよさも、その「バランス感覚」から生まれてきています。

もともと、守護星に愛と美の象徴とされる金星を持つ天秤座なので、「美しさ」に関する感性が高いということはありますが、天秤座はそれに「バランス感覚」のよさが加わるのです。

美しいだけでも人の心をつかみますが、男性の魅力は美しいだけでは物足りません。そこに「仕事ができる」「一緒にいて楽しい」「頭がよい」という他の要素が加わることで、もっと魅力的になります。

それらの魅力をバランスよく持ち合わせているのが、天秤座なのです。

美しい男性が汗だくで必死に働く、というのもギャップがあって魅力的ですが、天秤座はそうではありません。いつもさわやかな風のように、困難な仕事もさらりとこなすのが「カッコイイ」と考えています。

だから、たとえ汗だくになっても、一度汗をふいて乾かしてから、汗なんかかいていないように登場するのです。一度乾かすという手間を加えているので、その分の努力が発生しています。

努力を、人の見えないところでしているのです。表に見せる「洗練されて素敵な天秤座男子」の陰には、見えない努力の積み重ねがあります。そんな彼は、あなたのためにも、生活や収入などを理想の生活に近づけようと努力してくれます。

彼のそばにいると、自分も魅力的な女性に成長できそうな気がしてくるのではないでしょうか。

天秤座男子の弱点

不安定な状態が耐えられない

天秤座男子は穏やかで、安定しています。

持ち前のバランス感覚で、感情も整えられるので、いつも冷静です。

普段の生活で不安なことがあっても、その不安の重さを乗り越えるように努力したり、行動したりします。そのため人間関係もよく、ストレスは少ないほうです。

けれども、この安定した状態がいったん崩されると、心に負荷を感じてしまいます。

不安定な状態になることに、極端に違和感を持つのです。

思いもよらないトラブルや複雑な人間関係の諍《いさか》いに巻き込まれると、とたんにバランスを崩してしまいます。

大抵は自己解決できるのですが、難しい問題だったり、解決までに時間がかかってしまうと、その分の負担が大きくなってきます。

本人は一生懸命、バランスをとろうとするのですが、それができず、ストレスとなって、結果、体調やメンタルに影響が出てきてしまいます。

天秤座は感情を表に出さないことは繰り返してきましたが、そうしたストレスや不調という弱い部分も、人には見せません。表面上はあくまで、にこやかだったり、いつもと変わらなかったり、何事もなかったように振る舞えるのが天秤座男子です。

そのため、身近にいる人でも、なかなか気づきにくいのですが、ちょっとしたときに遠くを見つめていたり、疲れたような表情を見せたりしたときには注意が必要です。

バランスを崩した天秤座の不調は、「腰痛」として表れやすいものです。

ただの「腰痛」で済ませるのではなく、陰に隠れた本当の病気や原因を見つけることが大切です。

8

Option

天秤座男子と幸せになる秘訣

天秤座男子を愛するあなたへ

彼の愛が信じられないとき

天秤座男子はカッコよくて人気者。いつも誰かと楽しそうに過ごしています。

そんな彼を見て、あなたはときどき不安になるかもしれません。

「私以外の人にも優しい」

「ひょっとしたら私は彼のその他多勢の一人かもしれない」

特別な関係になっても、そう思っているのは自分だけではないかと考えてしまうのです。

でも、そんなことはないでしょう。彼には、愛するあなたのことがちゃんと見えています。他の誰よりもあなたを大切にしたいと思っているのです。

きっと人前では、そんな素振りは見せないかもしれません。

でも二人になったときに、優しくしたり、愛情を伝えたりする彼の気持ちにウソはありません。

彼は女性にも人気がありますが、目の前の人を裏切ることはしません。二人だけの特別な時間を一緒にすごすのは、「誰でもいい」というわけにはいかないのです。

相手との距離が近くなるほど、自分の気持ちや意見を言わないようになるかもしれません。あなたに合わせたいと思って、それを抑えている可能性があります。

だからと言って我慢しているわけではありません。

大切な人のことを優先したいというのが、そのときの彼の意思なのです。

そんな彼と長くつき合っていくためには、あなたも、彼がしてほしいことや、行きたいところなどを察してあげましょう。

そんなあなたの献身は、彼には何ものにも代えがたく、ますます、あなたのことを大切にしてくれるでしょう。

サプライズな演出や美しい場所がいちばん似合う天秤座男子です。

そんな演出や場所を堪能《たんのう》できるのも、天秤座男子ならではです。

美しさは人の心を豊かにします。

心が豊かで平和な世界には、幸せを感じます。

多くの人が幸せを感じると、やがて大きな幸せへ変わります。大きな幸せを生み出すことのできる天秤座男子には、あなたの愛がいちばん必要です。

天秤座男子と一緒に幸せになる

調和を大切にする優しい心を持った愛すべき存在

いつも冷静でバランスのいい彼は、誰にでも優しい人。

そんな彼は、女性の気持ちを大切にするあまり、気づいたら「二股」になってしまっていたということもあります。自分でも知らないうちに、相手をその気にさせてしまっていたのです。それくらい魅力的ということです。

「理想のタイプは?」というようなアンケート調査がよくありますが、そのときの答えは概《おおむ》ね、次のようなものです。

「優しい人」

「経済力のある人」

「カッコイイ人」

そのすべてが、天秤座男子には揃っているといっても過言ではありません。

なぜ天秤座男子には、それらの要素があるかといえば、それは思考を調整するセンスがあるからです。

「優しい」のは、相手に合わせることができる人です。

「経済力のある」のは、世の中の動きや情報をバランスよく判断し、扱うことができるので、その状況にあった仕事や収入があります。

「カッコイイ」のは、美意識が高くセンスがよいからです。

こんな天秤座男子を女性が放っておくわけがありません。

女性が子孫を残そうとするのは本能です。より優秀な子を産むことを望み、そのためには優秀な男性を求めます。

未来の社会をつくるためには、不安定な時代を生き抜く優秀な頭脳とセンスのよさが必要です。天秤座男子には、大きな働きをしてもらわなければなりません。

彼は一人の人間として自立し、常に努力し成長をしています。

原石が磨かれて、ダイアモンドとして輝くように、目の前にいる天秤座男子が洗練されているのは、磨かれた成果でもあるのです。

自分の気持ちを言葉にしないので、「本心がよくわからない」という面もありますが、調和を大切にする優しい心を持った天秤座男子は、愛すべき存在です。

天秤座男子にかぎらず、その人のことを知れば知るほど、欠点が目について、「やっぱりやめておこう」「こんな人とはつき合えない」と思うようになるかもしれません。

でも、欠点はお互い様です。そして、欠点は長所の裏返しです。

そのことを理解して、努力することに、私たちの生きる目的があります。

天秤座男子と幸せになるには、彼を理解することです。

八方美人な彼も、見かけを気にする彼も、受け入れてあげることです。

あなたが無理をする必要はありません。

あなたはあなたのままで、つき合っていけばいいのです。

彼が戸惑うこともあるかもしれませんが、彼なりに、あなたを理解しようとしてくれているのであれば、そのことを認めてあげてください。

お互いに認め合うことができれば、一人と一人の人間同士、愛し、愛される関係を築いていけるのではないでしょうか。

おわりに
相手を理解して運命を好転させる

人は夜空に輝く星を、はるか昔から眺めながら生活してきました。

それはただ美しいと感じるだけではなく、あるときは生きるために、あるときは王様や国の運命を見るために、星の動きや位置を見ていたのです。

昔の人は、月が欠けて見えなくなると大騒ぎでした。夜が真っ暗になるのは不安だったのです。反対に満月になると大喜びしたものです。

その月や星の動きや位置を、たくさんの人が関わりながら研究し、長い長い時間を経て、現代の私たちに伝えてきたのです。

さて、本書では、天秤座男子のいいところも悪いところも書いてきました。

性格にはいいも悪いもなく、長所と短所は背中合わせです。長所がいきすぎれば短所になり、短所と思っていたところが長所になることがあります。

天秤座は9月24日から10月23日（その年によって多少ズレがあります）のあいだに生まれた人です。西洋占星学では、一年は牡羊座から始まり、最後の魚座まで12の星座に分類しています。それぞれに長所があり、短所があります。

12星座で「いちばん洗練されている」天秤座男子は、あなたの星座によっては、ときに理解しがたい存在かもしれません。

自分の常識では、

「どうして、そんなふうに言うの？」

「どうして、そんな態度をとるの？」

と思うことも少なくないかもしれません。

けれども、「天秤座」の価値観や行動パターンを知れば、許せるかどうかはともかく、理解することはできるでしょう。

彼を理解することで、自分への理解を深めることもできます。

彼に対しての「許せないこと」は、あなたにとっての大切なことです。

それがわかれば、あなたのことを彼に理解してもらえるかもしれません。

天秤座はさわやかで、調和を重んじる星座です。あなたのことを理解したなら、それまで以上に、あなたにとって強い味方となります。

ところで、早稲田運命学研究会は、２００９年2月25日（新月）、一粒万倍日に発足しました。

「一粒万倍日」とは、「大安」と同じように縁起のいい日のことで、「一粒の籾《もみ》が万倍にも実る稲穂になる」という意味です。結婚や開業、なにか新しいことをスタートするときには、この日を選ぶと繁栄します。反対に、この日に借金などをすると、借金が大きくなってしまうので避けなければなりません。

それはともかく、早稲田運命学研究会は、運命を読み解いていくことを目的として、私が主宰しているものです。

「運命」を読み解くには、その前に、そもそも「運命」とは何であるかを押さえておかなければなりません。言い換えれば、その人の「運命を決めるもの」とは何か、ということです。

これは、「占術」のジャンルで見ていけば、わかりやすいかもしれません。

つまり、姓名判断の人から見れば、「運命は名前によって決まる」というでしょうし、占星学でいえば、「生まれた星の位置で決まる」ということになります。

そう考えると、「運命を決めるもの」は、占い師の数だけあるといってもいいでしょう。それらのどれが正しい、正しくないということはありません。むしろ、そのすべてに一理ある、と私は思っています。

しかし、時に運と運命を一緒くたにしている人がいます。あるいは受けとる側が一緒くたにしてしまうことがある、ということもあります。

運命とは何かというときに、それは「運」とはまったく違うものだということを、しっかり憶えておきましょう。

「運」というのは、簡単に言えば、「拾えるもの」です。

「運命」は、「運」のように、たまたま拾ったりするものではありません。

「命を運ぶこと」が、「運命」です。自分の命をどう運ぶか、ということ。そこに「たまたま」という偶然はありません。

それだけに非常に厳しいものだ、と考えなければならないものです。

あることがきっかけで運命が変わった、という人は多いでしょう。

たとえば、結婚をして運命が変わったとか、そこの会社に就職して運命が変わった、というようなことがあるでしょう。

結局は「そうなる運命」だったということもできますが、もしも「変わった」とすれば、それは、その人自身が、あるところで「自分の命の運び方」を変えたことによって起きたのです。

この「運命を変える」ことは、簡単ではありません。

ある日誰かがひょいと自分を持ち上げて、「うまくいかない運命の道」から「うまくいく運命の道」に置き換えてくれたら楽ですが、そんな「奇跡」は起こりません。

しかし、あなた自身が、自分の「命の運び方」を変えさえすれば、あなたの運命はあなたの望むように変えることができるのです。


私はもともと運命論者で、文芸誌の編集者時代に、芥川賞作家にして、手相学・人相学の天才ともいわれた五味康祐《こうすけ》に人相学・手相学をはじめとする「運命学」を直接学び、以来、独自に研究を重ねながら、運命に関する著作も多く執筆してきました。

当会顧問のアストロロジャー、來夢先生は、そんな私のことを「運命実践家」と呼びます。『12星座で「いちばんプライドが高い」牡羊座男子の取扱説明書』から始まり、「牡牛座」「双子座」「蟹座」「獅子座」「乙女座」に続いて、本書でも共に監修していただけたことに感謝申し上げます。

運命の本質を知ることは自分を知ることであり、人生を拓く大切な一歩になります。

本書『12星座で「いちばん洗練されている」天秤座男子の取扱説明書』を手にとってくださったあなたは、いま現在、天秤座の男子とつき合っているのかもしれません。これからつき合おうと思って読んでみたという人もいるでしょう。あるいは職場や仕事上で、天秤座の男性と関わりがあるという人も多いはずです。

美しさへの感性が高く、社交的で人づき合いのいい天秤座男性とつき合っていくときに、ぜひ本書を脇に置いて、ことあるごとにページをめくっていただけたら幸いです。

早稲田運命学研究会主宰
櫻井秀勲

●監修者プロフィール

來夢（らいむ）

アストロロジャー＆スピリチュアリスト。星活学協会会長。経営アストロロジー協会会長。早稲田運命学研究会顧問。マイナスエネルギーをいかにプラスに変えるかという実用的な視点から占星学を活用。OL、主婦からビジネスマン、成功経営者まで、秘密の指南役として絶大な支持を得ている。著書に『月のリズム　ポケット版』『「あたりまえ」を「感謝」に変えれば「幸せの扉」が開かれる』（きずな出版）、『「運」の正体』（ワック）、『らせんの法則で人生を成功に導く　春夏秋冬理論』『運活力』（実業之日本社）、共著に『誕生日大事典』（三笠書房）他多数。

シーズンズＨＰ　http://www.seasons-net.jp/

櫻井秀勲（さくらい・ひでのり）

早稲田運命学研究会主宰。1931年、東京生まれ。東京外国語大学ロシア語学科卒業。文芸誌の編集者から31歳で「女性自身」の編集長に。当時、毎週100万部の発行部数を維持し出版界では伝説的存在。文芸誌の編集者時代に、芥川賞作家にして、手相学・人相学の天才ともいわれた五味康祐に師事。人相学・手相学をはじめとする「運命学」を直伝。以来、独自に研究を重ねながら、占い・運命学を活用。著作は『運のいい人、悪い人』（共著、きずな出版）、『運命は35歳で決まる！』（三笠書房）、『日本で一番わかりやすい運命の本』（ＰＨＰ研究所）など200冊を超える。

早稲田運命学研究会　公式ＨＰ　http://w-unmei.com/

12星座で「いちばん洗練されている」

天秤座男子の取扱説明書

2018年2月1日　初版第1刷発行

監　修　來夢、櫻井秀勲
著　者　早稲田運命学研究会

発行者　岡村季子
発行所　きずな出版
東京都新宿区白銀町1-13　〒162-0816
電話　03-3260-0391
振替　00160-2-633551
http://www.kizuna-pub.jp/

ブックデザイン　福田和雄（FUKUDA DESIGN）
編集協力　ウーマンウエーブ
印刷・製本　モリモト印刷

ISBN978-4-86663-022-9

きずな出版

好評既刊

運のいい人、悪い人
人生の幸福度を上げる方法
本田健、 櫻井秀勲

何をやってもうまくいかないとき、大きな転機を迎えたとき、運の流れをどう読み、どうつかむか。ピンチに負けない！ 運を味方にできる人のコツ。
本体価格 1300 円

人脈につながる
話し方の常識
櫻井秀勲

大人の社交術をマスターしよう——。話術の基本から話題の選び方、女性の心を動かす話し方まで、人脈につながる話し方55のルール。
本体価格 1400 円

人脈につながる
マナーの常識
櫻井秀勲

知らないために損していませんか？ マナーの基本や教養、男女間の作法に至るまで、いま本当に必要な人脈につながる55のルール。
本体価格 1400 円

來夢的開運レター
「あたりまえ」を「感謝」に変えれば「幸せの扉」が開かれる
來夢

あたりまえを感謝することで、あなたにしか歩めない「道」に気づける——。アストロロジャーである著者が、いまのあなたに伝えたいメッセージ。
本体価格 1400 円

月のリズム ポケット版
生まれた日の「月のかたち」で
運命が変わる
來夢

月の満ち欠けから、あなたの月相、ホロスコープから見る月星座、毎日の気の流れを読む二十四節気まで。月のパワーを味方にして、自分らしく生きるヒント。
本体価格 1200 円

※表示価格はすべて税別です

きずな出版
http://www.kizuna-pub.jp/